U0938695

岭南文化
艺术图典
艺术·工艺·大师

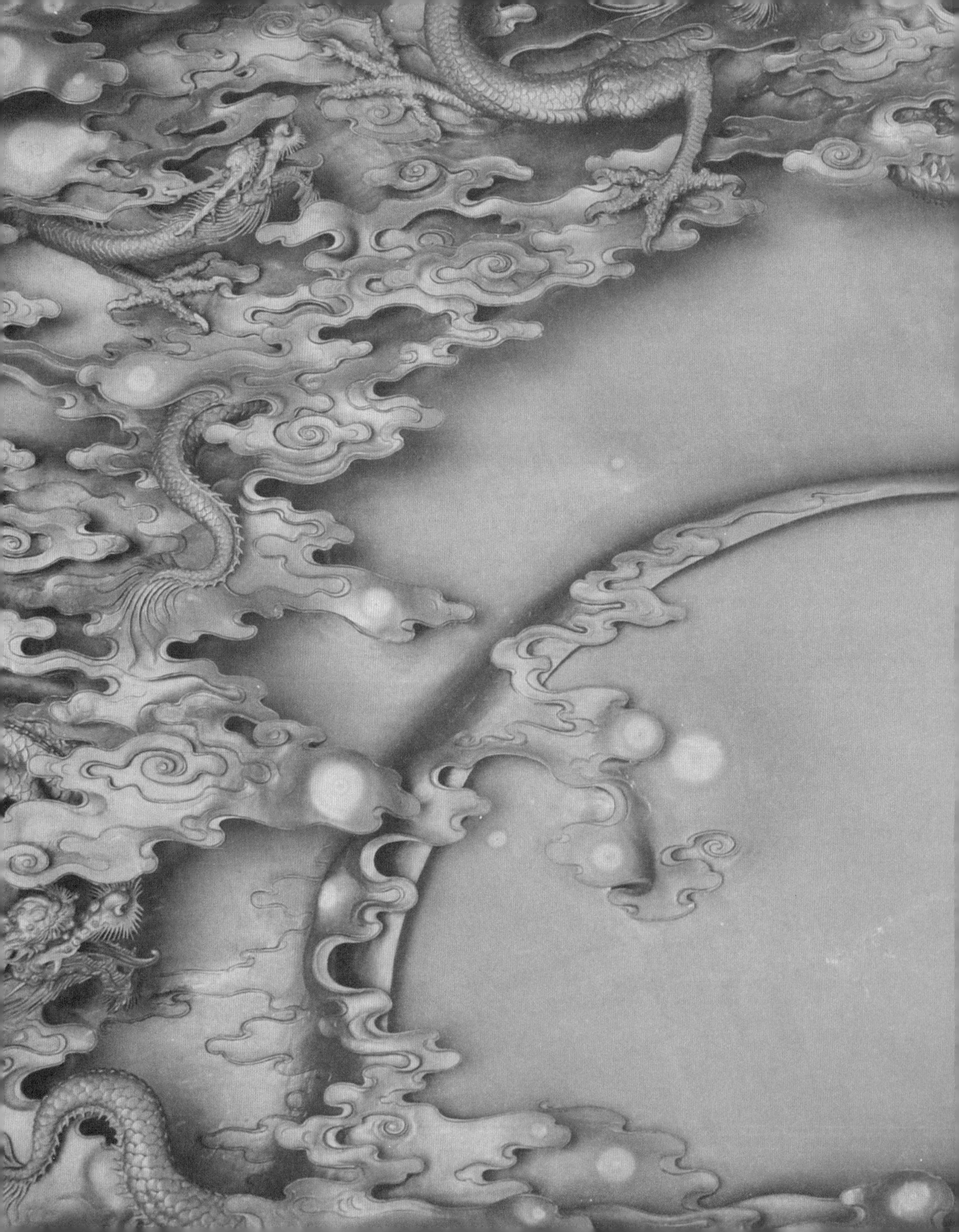

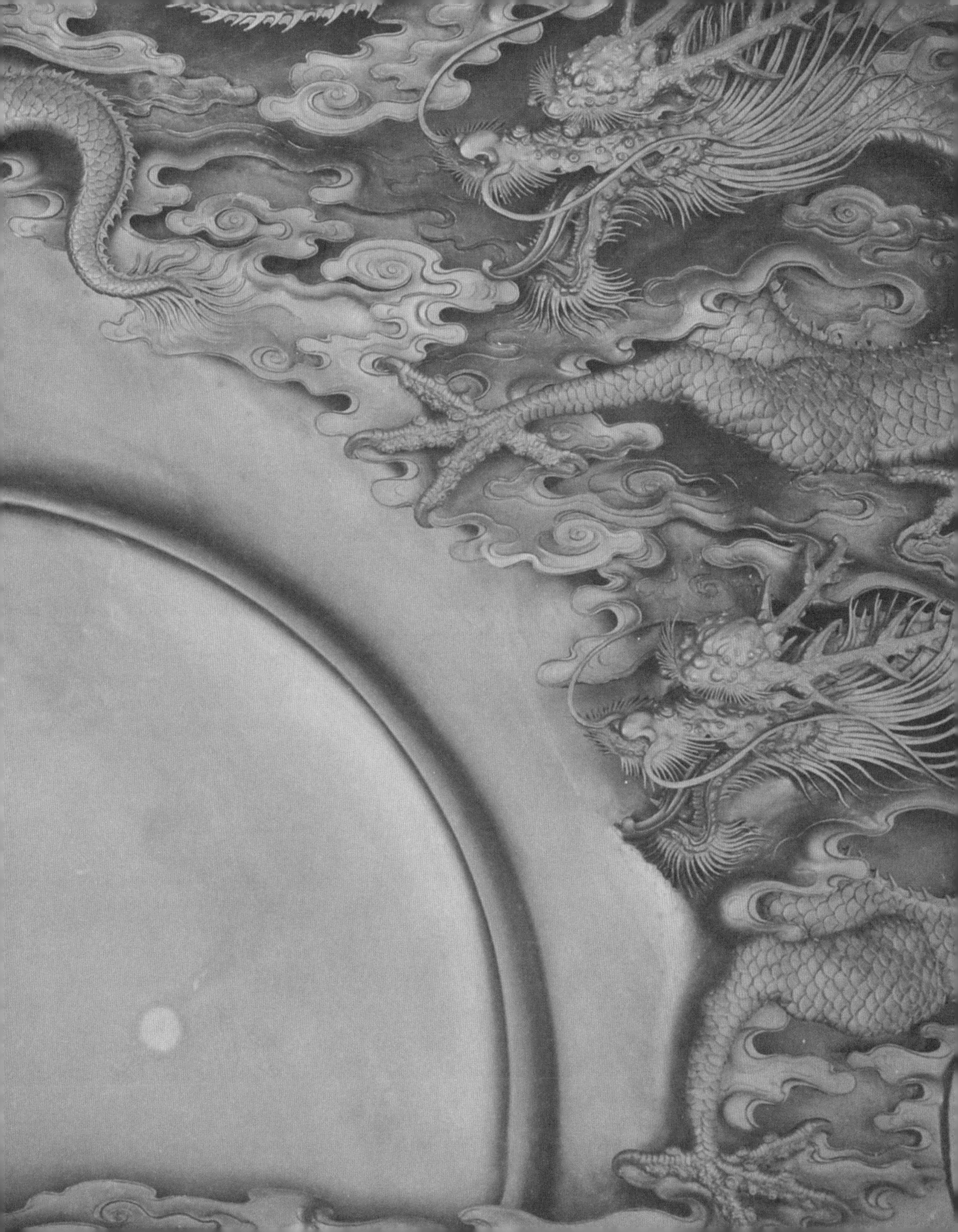

端砚

◎王正光　欧忠荣　著

嶺南美術出版社
（中国·广州）

图书在版编目（CIP）数据

端砚/王正光，欧忠荣著. —广州：岭南美术出版社，2013.2

（岭南文化艺术图典.艺术·工艺·大师）

ISBN 978-7-5362-5150-2

Ⅰ.①端… Ⅱ.①王… ②欧… Ⅲ.①石砚—介绍—广东省 Ⅳ.①TS951.28

中国版本图书馆CIP数据核字(2013)第029151号

策划编辑：翁少敏
责任编辑：左　丽　翁少敏
责任技编：陆建豪

端　砚　DUANYAN

出版、总发行：岭南美术出版社　网址：www.lnysw.net,
（广州市文德北路170号3楼　邮编：510045）
经　　销：全国新华书店
印　　刷：深圳福威智印刷有限公司
版　　次：2013年5月第1版
2013年5月第1次印刷
开　　本：889mm×1194mm 1/16
印　　张：22.5
印　　数：1—3000册
ISBN 978-7-5362-5150-2

定　　价：160.00元

序

端砚集山川灵秀、人文熏养于一身，是岭南独特的文化遗产，也是中国传统文化的一部分。随着目前中国传统文化的不断回归，端砚越来越受到社会的关注，端砚收藏也在不断升温。在此良好时代背景下，有关端砚的论文著述如雨后春笋不断涌现，对端砚的宣传推广与理论研究起到了很大的促进作用。

为推动岭南文化的传承与发展，岭南美术出版社策划编辑出版大型丛书《岭南文化图典》，是一件非常及时且很有文化意义的大好事。有幸受邀与欧忠荣先生编写其中《端砚》一册，虽能力有限，亦当努力为之。

目前涉及端砚的书籍不少，各有特点、各有侧重。本书在介绍端砚鉴赏的一些基本知识的同时，重视实践操作性，并从端砚文化的视角出发对以下几方面内容的编写有所侧重。第一，在介绍端砚材料时尽量与目前市场情况相结合，努力增强读者在实际收藏中的借鉴作用。第二，对端砚的一些模糊概念进行了较为明确的解释，比如大西洞与水归洞、黑端与黄端的概念等。第三，注重端砚与中国传统文化的关系，论述了端砚的文化内涵如何体现、端砚的文化价值如何产生、砚铭对端砚文化的重要性等问题。第四，阐述了端砚审美的一些基本原则，提出了古雅为宗，并探讨了儒、道哲学思想在砚审美上的体现等问题。第五，梳理了端砚与砚文化及砚学的内容以及相互关系。其中对砚学及砚文化的概念进行了阐释，并绘制了条目清楚的砚学体系图。因水平有限，本书对于以上问题的思考与看法，难免有片面之处，仅供读者参考。由于端砚一直处于发展与变化之中，而且本书篇幅有限，个人知识亦有限，书中如有错漏与不足之处，还望读者见谅。

此书的编写，涉及的历史资料、文献图书、砚石样本、操作示范等较多，有幸得到了许多砚界人士的无私帮助，在此深表谢意。

王正光

壬辰冬月于一笑斋

《岭南文化艺术图典》编委会

典雅温厚
錦繡端莊
康乾風韻
縈玉玄光
千佛山人

开篇语

端砚产于今广东省肇庆市，以优越的实用性和深厚的文化内涵位居我国诸砚之首，是岭南文化的突出代表，也是中国传统文化的重要组成部分。近年来随着我国经济的迅速发展，国力不断提高，国人对中国传统文化的自信也逐渐增强，中国传统文化的各个领域均有不同程度的回归和发展，端砚这一极具中国特色的工艺门类也焕发了新的生机。

文化是一个民族、一个国家的灵魂，我国乃文明大国，文化自成一统，领风骚于世界之东方，对中国传统文化的继承与发展可以说是中国自身不断发展的重要原动力。文化是个抽象概念，具体由自然、人文两部分相互作用，共同构成，并以多种形式具体体现。就文化形式本身而言，有的具有世界性，也就是不同国家和民族普遍具有的形式，如文学、音乐、建筑等；有的则具有独特性，也就是某个国家和民族所特有的，比如我国的书法艺术。往往文化的形式越具有民族的独特性、越接近民族文化的核心，对本民族来说越重要。端砚集山川之灵秀、人文之熏养，是中国传统文化的独特体现形式，因此对端砚的继承与发展是对中国传统文化继承与发展的基本组成部分。中国要走向世界，中国文化必然也要走向世界，而要想走向世界，对自身都不了解无疑是不现实的。所以说知道端砚应是国人的常识，对端砚有一定了解，更应是从事中国书画艺术工作者的基本知识。

本书以图文并茂的形式，以实物作基础，以目前端砚界普遍认同的观点作支撑，力求使读者能在轻松阅读的情况下，对端砚常识有所了解，对端砚文化也能有一定认识，并进而加强对岭南文化乃至中国传统文化的认知。

目录

端砚历史

端砚的制作与使用历史悠久，用端石研墨的情况应该在唐以前就出现了，入唐后端砚逐渐由岭南一隅走向全国，并有所发展，中晚唐是端砚的成熟期及推广期，所谓“天下无贵贱通用之”。两宋时期，端砚以其自身优越的发墨性和观赏性，备受推崇，且傲然为首，端砚诸砚之首的地位此后从未改变，且不断稳固，已成为无可争议的共识。目前我们所看到的唐宋端砚在制作上虽成就很高，但还没有形成自己明显的独特面貌，基本和全国其他砚种保持着统一的形式。经过元代的过渡，明代端砚逐渐趋于多样化，并逐渐形成了有别于其他砚种的艺术面貌。到了清代，岭南文化对端砚制作的影响不断加强，端砚自身独特的艺术面貌走向成熟，形成了制砚界所谓的“粤工”，且延续至今。清末民国时期，和中国国运一样，端砚业也走入低谷，一度砚坑停采，制砚几近断绝。新中国成立后，端砚又逢新生，砚坑大多得以重开，制砚业也得到恢复和发展，目前端砚制作已成为具有一定规模的行业，且无论从业人员还是生产规模都远远超过以往。我们相信随着中国经济的不断发展，端砚也将不断发展，并达到新的高峰。

诸砚之首

砚，文房重器也，是中国传统书写及绘画工具之一，且种类繁多，面貌多样。从材质上分，以陶砚与石砚两类为主，还有瓷砚、玉砚、水晶砚、玛瑙砚、象牙砚等多种。就陶砚与石砚来说，陶砚成熟于前，石砚发展于后，并成为砚的主流。从砚的使用研磨功能上来说，只要能发墨的石材都可作为砚石，基于这一点，古人因地制宜，就近取材，在我国境内发现了多种石材可以制砚，并随着历史的发展形成了不同的砚种。发墨是砚石的基本条件，但不同品种的砚石发墨性因石材成分和结构等多方面的不同也有高下之分，具体可从以下四方面来比较。第一，下墨速度，即磨墨达到墨汁所需浓度的时间，越快越好，越慢越差；第二，发墨品质，指所磨墨汁是否细腻滋润，是否有助于书画墨色的丰富表现，是否不臭、防蛀，有助于书画作品的长久保存；第三，储墨时间，即墨汁在砚石上的保存时间，保存时间越长，干得越慢越好，反之越差；第四，涤墨干净，指砚上墨渍是否容易清洗。自然造化的砚石，能将以上四者完美统一于一体者实属难得。比如，一般来说硬度高的砚石，发墨细且好清洗，但下墨速度慢；质地粗的砚石，下墨速度快，但发墨粗且不好清洗。古人在长期使用与比较过程中发现，端砚在以上四个方面的综合品质是我国各砚种中最高的，并从而确定了端砚“诸砚之首”的地位，所以说“诸砚之首”地位的基础是“诸砚石之首”。

● **澄泥砚**

澄泥砚为我国著名砚种之一，是用河床沉泥澄选烧造而成的陶砚，形成较早，盛行于唐宋，后随石砚的不断推广，至明清逐渐衰落，制法失传，当代又恢复生产。澄泥砚因泥质、配方、烧制等方面的不同，呈现虾头红、蟹壳青、鳝鱼黄等多种颜色。图中小砚质地坚硬，颜色黄中含绿，为宋代澄泥砚。另外在苏州有一种蠖村石砚，易被错断为澄泥砚，宜细加辨别。

● **歙砚**

歙砚为我国仅次于端砚的第二大砚种，产于皖、浙、赣三省交界龙尾山一带的婺源地区，婺源古为歙州，故而得名。歙砚闻名于唐，至南唐元宗，任命砚工李少微为砚官，进行有组织的采石与生产，得到很大发展，随之名扬天下。宋代，歙砚与端砚一样备受推崇，赞誉良多；至明清，歙砚生产走向低落，当代又逐渐繁荣。歙砚品种比较丰富，花色纹理主要以眉纹、金星为代表。眉纹指砚石上粗细长短不一的黑色纹理，因形状的不同，又有雁湖眉、枣心眉等名称；金星是砚石中金黄色的点状纹理，为硫黄铁等物质经高压、地热演变而成，熠熠生辉，很是美观，但对于发墨没有直接的帮助。

● **洮河砚**

洮河砚又称洮砚，是我国著名砚种之一，因产于甘肃自治州临潭一带的洮河深处而得名。洮河砚大概问世于北宋熙宁年间，因开采难度较大，一直产量不多，规模有限，至当代得以迅速发展，走向繁荣。洮河砚主要有红、绿两种色调，又以绿色为主调，并有黑色流水刷丝纹，具有一定观赏性，其主要坑口有喇嘛崖、水泉湾等，以喇嘛崖所产为贵。图中此洮河砚色泽青绿，丝纹流畅，并有一墨绿石纹，如江山隐隐，上有一峰突起，如高士行吟。砚后铭文："江上有奇峰，渺渺云水中，疑是屈夫子，回首问长空。"不免让人思春秋之岁月，引高古之幽情。

● **红丝砚**

红丝砚因砚石红、黄丝纹相间而得名，产于山东青州地区，是我国著名砚种之一。红丝砚开采于唐初，曾一度辉煌，但宋以后，很快衰落，历史遗存非常稀少，唐宋石脉也不得而考。当今红丝砚又逐渐繁荣起来，所用砚材主要有临朐红丝与黑山红丝两种。两者都有丝纹，但临朐红丝纹理流畅，黑山红丝纹理老辣，审美略有不同。

红丝砚色纹艳丽，极具观赏性。图中此砚色泽浓艳而沉稳，丝纹流畅，巧妙之处在于砚面的右边天生一尾池中鱼，砚面左上角天生一只丛林鸟，形象生动，彼此呼应，妙趣横生。砚后铭文："鱼出水，鸟入林。此间乐，养闲心。"既点出了纹理的独特，又提升了此砚的内涵，让人回味。

● **端砚石品的天文景象**

端砚石品含蓄深邃，意境广大，并且好似从石头里长出来，而非贴上去，这一点是其他砚种的花色纹理所无法比拟的。

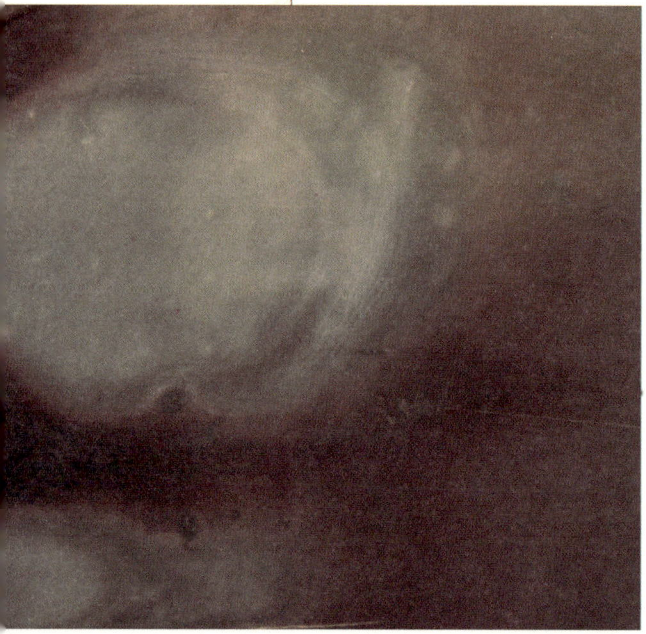

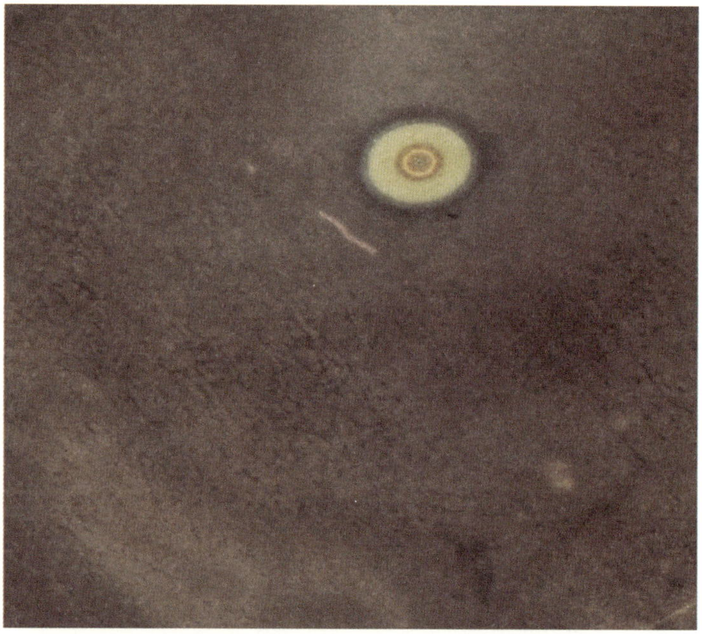

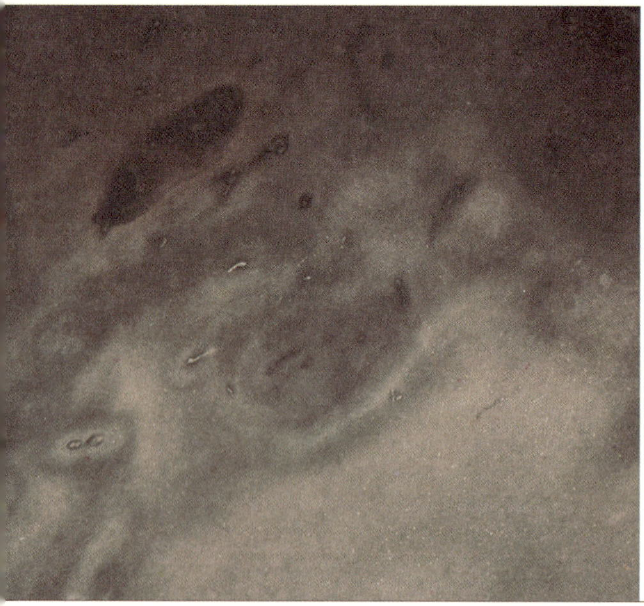

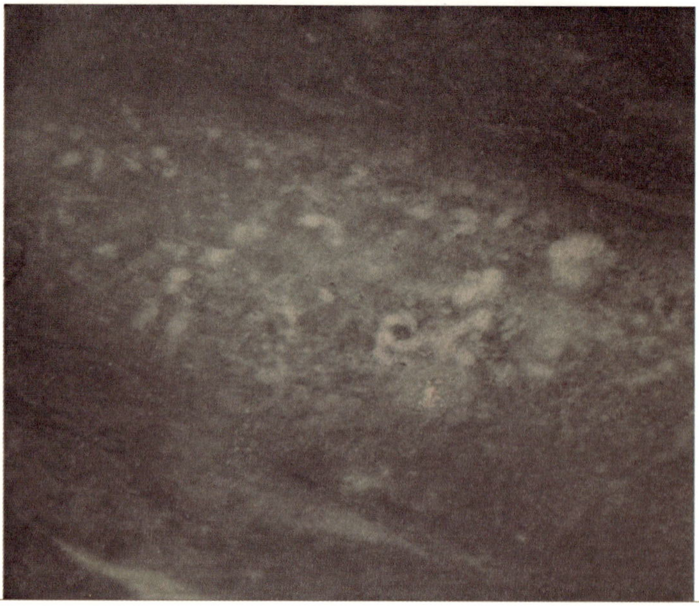

端砚砚石优良的发墨性是由其特殊的成分与结构决定的，20世纪末凌井生先生对端砚的地质结构进行了系统研究，从地质学角度使我们对端砚砚石优良发墨性的原因有了一个较为科学的认识。具体有以下几方面：一、端砚砚石的硬度为2.8～3.5，而墨锭的硬度为2.2～2.4，稍低于端石，从而研磨时既不打滑又相恋。二、端砚砚石中含有少量硬度为7的石英碎屑，颗粒细腻，分布均匀且微微凸起于砚面，可加快研磨时的下墨速度。三、组成端砚砚石的矿物属硅酸盐类，富含铝、钾、铁，贫钙，不含腐蚀性酸碱成分。端砚砚石所含水云母、绢云母，铁矿物硬度小，颗粒细，研磨时很容易进入墨汁。水云母、绢云母矿物为鳞片状结构，有丝绢光泽，进入墨汁能使其发艳、发亮。铁离子进入墨汁有助于其不褪色、防虫蛀。四、端砚砚石富含3%的水分，显孔隙率很低，使其饱和吸水率低，从而使墨汁常润不易干。

端砚"诸砚之首"的地位在"诸砚石之首"的基础上，与其有很强的观赏性也是分不开的。端砚砚石坑口众多，品质有高低，面貌也多样，其主流坑口的面貌有以下特征：一、色相以紫色为基调，分别向红与蓝两个方向发展，有冷暖变化。二、明度偏低，沉稳厚重。三、花色纹理丰富且含蓄变幻，有如天文景象，既丰富多彩，又难以一眼看透，耐人品味。四、好的端砚砚石娇嫩滋润，如冰似玉，有很好的亲和力。以上四点使端砚砚石具有稳重不失变化，含蓄不失丰富的美。而这种美不光体现在作为文房器具的"砚"身上，也是所有中国传统文化载体所共有的。端砚以优良发墨性做基础，又如此天生丽质，"诸砚之首"舍其择谁？

紫云谷内溪流

何为端砚

端砚砚石产于今广东省肇庆市所辖范围，肇庆古称端州，端砚因而得名。

相对于端砚，“端溪砚”的概念比较复杂，端溪砚的说法古已有之，但并不统一，主要源于何为端溪的问题。目前大概有两种看法：一种看法认为端溪就是出产端石名坑较多的紫云谷内溪流，所以认为以紫云谷所产端石制砚，才叫端溪砚，其他只可称端砚。根据此看法可以得出以下两点结论：一、端砚不等于端溪砚；二、端砚包括端溪砚。另一种看法认为流经肇庆这一段的西江河，古代曾有“端溪”之称，端溪的地理概念远远大于紫云谷范围。根据此

西江羚羊峡的风光

看法端砚就等于端溪砚。

对于端砚，历来还有一些别称，比较有代表性的有两个：一是紫玉，二是紫云。紫玉自然是源自对端砚砚石的赞誉，而紫云则是对端砚砚石的一种比喻，出自唐代李贺“端州石工巧如神，踏天磨刀割紫云”的诗句。

● **羚羊峡**

此图为立于斧柯山坑仔岩山坡上，于天气晴朗时望穿羚羊峡的景象。图中右边山峦为羚羊山，白线岩有冻岩出于此，图右下方积水处为紫云谷溪流水入江闸口，远处为羚羊峡入峡口，广肇高速进入肇庆市区的肇庆大桥也位于峡口。

唐代端砚

端砚起始于何时，目前最多引用的是清代砚学家计楠《石隐砚谈》所载“东坡云：端溪石始出于唐武德之世”的说法。“武德”为唐高宗年号，武德元年为公元618年，也就是说端砚距今起码已有近1400年历史了。至于唐武德之世以前是否有用端石制砚，目前因缺乏可靠文献及实物证据，很难确切说明。但根据目前所见唐代端砚，工

● **唐　箕形端砚**（广州市文物管理委员会藏）

此砚长18.9厘米，宽12.6厘米，高3.3厘米。1965年12月25日在广州动物公园工地出土。质较细腻，呈紫蓝色。砚面前窄后宽，砚首弧形，上有平沿。底部凸出着地，并与砚底后部的两个梯形方足形成三足鼎立之状。造型古朴、端庄、稳重，线条简练流畅，是一件年代确凿、不可多得的唐代端砚实物。（摘自《紫石凝英》）

● 唐 龟形石砚（中国国家博物馆藏）

龟有长寿之意，在唐代被视为吉祥灵物，且龟的背盖宽大，比较适合与砚形结合，所以唐代遂有龟形砚的出现，但多为陶制，此砚为石制，十分罕见。

● 唐 青釉辟雍瓷砚（上海博物馆藏）

"辟雍"亦作"璧雍"等，本是西周天子为教育贵族子弟设立的大学。取四周有水，形如环璧之意。砚为书画工具，取形辟雍，文理相同。在形制上，辟雍砚砚面开阔，四周又便于储墨，非常实用。目前所见唐代辟雍砚基本为陶制，且有足，砚体较高。

艺已相当成熟，其必然有一个比较漫长的发现与使用摸索期，所以端石开采和使用的历史早于唐武德之世是可能的。

如要进一步明确端砚起始的情况，我们还需纵观一下中国历史的大背景。唐代之前，是多年战乱的十六国及南北朝时期，政权割据，各地域之间的沟通与交流不便，远离中原文化圈的岭南，经济文化又相对落后，此时端砚砚石即便有所开采和使用，最多只限于产地附近，偶有流出岭南者，也是个例，难成气候。至李唐一统，政治稳定，经济文化繁荣，端砚才具备了正式跨出岭南、走向全国的可能，并以良好的使用效果，得到广泛认

● **唐　灰陶箕形砚**（一笑斋藏）

此砚体形圆熟，状如小箕，砚面内凹前倾，下有双足，刚好掌中一握，使用时应是将其平托手掌之上，随身而为。

● **唐早期箕形端砚**

（十都书院藏）

箕形砚因形状如日常用的簸箕而得名，一般下有高足两只，砚面向前倾斜，为唐砚重要基本样式。目前所见唐代端砚，俗称"唐端"，基本也都是箕形砚。图中此砚线条流畅，造型奔放，状如牛舌，砚面倾斜角度较大，具备唐中早期箕形砚的特征，有一定研究价值。

同和推广，至中晚唐已经"天下无贵贱通用之"了，为其在宋代名列"诸砚之首"打下基础。因此，唐以前即使有以端石制砚者，端砚作为一个全国性的独立砚种存在也是起始于唐。

从目前出土或传世的唐代砚台来看，唐代砚台的种类和样式还是很丰富的。材质上，唐代砚台以陶瓷砚和石砚为主，两者因制作工艺不同，形制上也有较大区别。陶瓷砚样式较多，以圆形辟雍砚、龟形砚、箕形砚为主，石砚则主要以箕形砚为主。今日所见唐代端砚在制作手法及艺术面貌上尚未独立，与其他种类的石砚基本一致。我们知道任何一种工艺美术都摆脱不了时代风格的影响，甚至可以说工艺美术本身就是时代风格的一种体现，砚台也不例外。唐代在中国历史上无论是政治、经济还是文化艺术以及开放程度均达到很高的高度，并形成了浑厚大气的时代文

● **唐晚期箕形端砚**（十都书院藏）

箕形砚随着时间的推移，砚面斜度越来越缓，下部双足也越来越短，外形则逐渐由圆变方，砚边出现折痕。图中此砚为端石所制，充分体现了晚唐端砚面貌。

● **五代　箕形端砚**（延赏楼藏）

五代时期箕形砚仍有延续，外形相对变得平缓。图中此砚为端石制作，线条直中有曲，曲中有直，工艺已十分讲究。

化面貌，这一点我们从唐代的书法、诗歌以及唐三彩陶俑、敦煌飞天壁画、昭陵石刻，均可明显体会到。唐代端砚也充分体现了其所处时代的精神面貌，形成了浑厚大气的艺术特征。具体体现在以下三方面：第一，造型大开大合，充满阳刚与自信；第二，线条流畅，圆转奔放，简约中包含丰富变化；第三，少见纹饰，朴素大方，器物属性表现明确，砚味浓厚。

唐代端砚存世稀少，能得到普遍认可的更是凤毛麟角，所用端石材料也都很一般，与唐人对端砚材质的赞美有一定距离，比如皮日休的“微润将融紫玉英”、陆龟蒙的“露骨坚来玉自愁”等诗句。这一差距，也许随着考古工作的进一步发现能有所解释，但就目前所见唐代端砚来看，唐代端砚材料的开采普遍还是比较表层的，端石材料的真正优越性并未体现出来。至于唐代的端砚坑口情况，比较著名的是下岩与龙岩。下岩就是现在所说的老坑，但开采应未及今老坑真正石髓。龙岩应在今斧柯山范围，较早停采，其面貌特征已淹没在历史的长河里。

宋代端砚

如果说唐代是端砚的形成与发展期，宋代则是端砚的辉煌期。主要体现在以下三个方面：一、砚石开采新坑口不断增加且品质相较前朝大有提高；二、制砚工艺成熟且面貌多样；三、大量文人参与其中，或为之题诗刻铭，或为之著书立说，砚文化得以扩展，砚学得以兴起。

我国砚台的使用发展到两宋，陶瓷砚已呈末势，石砚渐成主流，石砚需求也随之大大增加，在此背景下，端砚的新坑口大量涌现，并以其材质的优越性在众多石砚品种中脱颖而出，其中部分坑口延续至今，比如坑仔岩、宋坑、梅花坑等。

● 宋　端石坑仔岩有眼抄手砚
（广东省博物馆藏）

抄手砚是宋代砚式的主要样式，也是宋代制砚的代表样式，充分体现了宋代俊朗敦厚的时代审美倾向。现藏广东省博物馆的这方抄手砚工艺考究，时代风格强烈，取材端石上品坑仔岩，且有珍贵石眼一颗，是宋代端砚抄手砚的代表。

● **端石梅花坑《丛星》砚正面**
（引自《西清砚谱》）

端砚有石眼，从而催生了端砚抄手砚眼柱的处理手法。眼柱的处理手法从某种意义上说是端砚雕刻最早的自身特色。此砚取材端砚梅花坑，石眼繁多，背后眼柱林立，星星点点、层层叠叠，乾坤无限。砚右侧的苏轼题跋，则有待进一步研究。

● **端石梅花坑《丛星》砚背面**
（引自《西清砚谱》）

● **宋　端石抄手砚**
（南京博物馆藏）

宋代制砚线条挺拔俊朗，铮铮有剑锋。此砚保存完好，充分体现了宋砚的线条美。

宋代端砚和唐代端砚一样，在艺术风格上尚未形成自己鲜明的独立面貌，与大时代风格基本一致。总体来说，相对于唐代端砚浑厚大气的美，宋代端砚呈现的则是一种清俊端庄的美，这种美又集中体现在砚台造型中峻拔挺直的线条上。许多宋砚今日视之，虽年代久远仍然轮廓刚硬，转角边线铮铮有剑锋，如刀砍冰山，斧劈苍木，昂然有精神。如果说唐代端砚体现的是一种曲线美，宋代端砚体现的则是一种直线美，两者如唐诗宋词构成了砚台审美的两个基本方向。

● **宋　端石抄手砚**（一笑斋藏）

抄手砚侧边的垂裙，随时间的推移，有逐渐变短的趋势。此方抄手砚虽有垂裙，但已不高，砚面也有向后代淌池砚发展的趋势。

● **端石天趣砚正面**
（引自《西清砚谱》）

此砚取材端溪天然独石，可以使我们感受到天趣砚的风韵。

● **端石天趣砚背面乾隆御题**
（引自《西清砚谱》）

宋代端砚在清秀端庄的审美前提下样式也很丰富，其中最具代表性的就是抄手砚。抄手砚外形方正，底部琢空，三面垂裙（垂裙即砚台顶部与两边侧面形成较高的立面，因如女人服装的垂裙而得名），造型简朴大方，俊秀挺拔，真可谓宋人风范的形象代表。在抄手砚的制作上，端砚结合自身材料多石眼的特征，于砚的底部雕琢眼柱，往往一眼一柱，高高低低，疏密错落，极具观赏性，与抄手砚简洁的造型相呼应，形成外朴内秀、乾坤无限的艺术效果。抄手砚底部眼柱的这种处理，应该说是端砚制作工艺最早形成的自身特色。

宋代端砚样式虽以极具人文性方正端庄的抄手砚为主，但还有一种追求自然美的制砚思想萌生，即所谓的天砚，或称天趣砚，其主要推崇者是

● 石湾公仔《东坡玩砚》

宋代文采风流，金石之学盛行，士林中玩砚、爱砚之风流行，苏东坡可为其中代表。东坡爱砚如痴，被贬岭南后，传说曾亲到端州访砚，并翻山越岭寻找砚石，还有所发现，称之"老苏坑"。东坡与砚的逸闻趣事流传很多，故事不少。距肇庆不远的佛山石湾窑，以烧制陶瓷公仔闻名，俗称石湾公仔，历史悠久，也是岭南一大文化特色。在石湾公仔取材上就有"东坡玩砚"，图中石湾公仔"东坡玩砚"为市面上容易买到的小品，价格不高，因此也更能说明砚文化的深入人心。

苏轼。所谓天趣，可理解为得天然之情趣，制砚时尽量减少人为因素，只开一平面能够研墨即可。此类天趣砚在当时并非普遍存在，应只限于文人士大夫间的交流与把玩。但这种对自然美的认可与追求，为明清大量存在、当今已是主流的随形砚提供了思想基础。

两宋时期，文采风流，金石之学盛行，很多一流的文人士大夫爱砚如痴，对于天生丽质的端砚更是一往情深，比如苏轼、米芾等，每遇佳砚，必重金购之，题诗治铭，甚至同床而卧，呼妻唤妾，为后世留下了很多砚林趣事。同时，专门的砚著、砚论也大量问世，比如苏易简的《文房四谱·砚谱》、叶樾的《端溪砚谱》等，砚学渐成。宋代端砚地位的提高除了受到文人的追捧和推崇外，还得益于统治阶级的喜爱与扶持，宋朝历代帝王和其他朝代相比，文化艺术方面素养是比较高的，重视文房佳品的品赏，上等端砚自然受到他们的喜爱，所以宋代“贡砚”制度盛行。因为政治和文化两方面的双重推动，端砚在宋代可谓时代宠儿，最终成就了其自身之辉煌。

● **《米癫拜石图》**

米芾，字元章，号襄阳漫士、海岳外史，是北宋大书画家、大文人，曾亲到端州访砚并著有《砚史》一书。米芾爱石成癖，爱砚如痴，曾对一大石而拜，呼兄唤友，遂成“米癫拜石”的佳话。《东坡志林》记载米芾得一砚山，曾抱眠三日，可谓爱砚入骨。

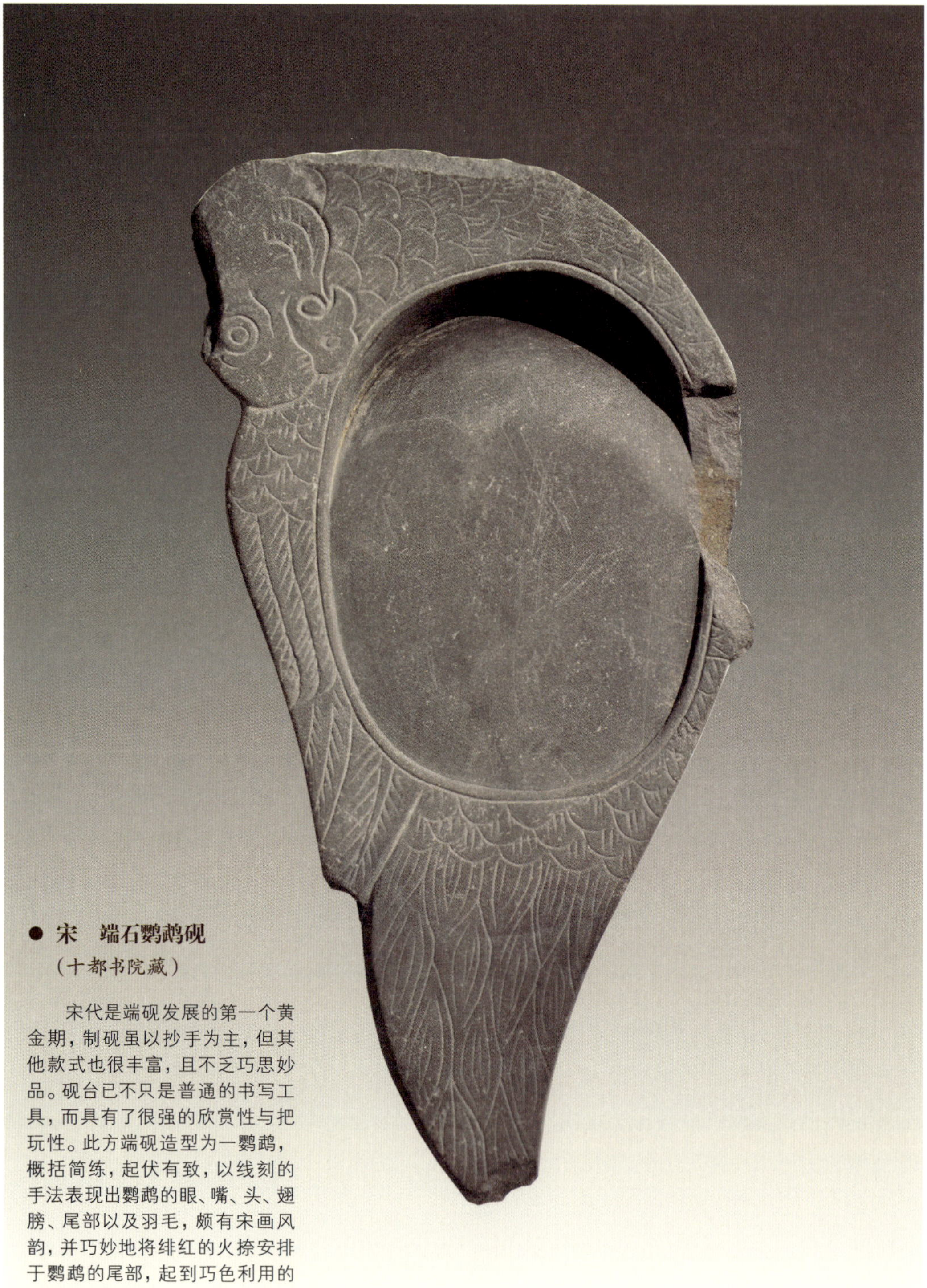

● 宋　端石鹦鹉砚

（十都书院藏）

宋代是端砚发展的第一个黄金期，制砚虽以抄手为主，但其他款式也很丰富，且不乏巧思妙品。砚台已不只是普通的书写工具，而具有了很强的欣赏性与把玩性。此方端砚造型为一鹦鹉，概括简练，起伏有致，以线刻的手法表现出鹦鹉的眼、嘴、头、翅膀、尾部以及羽毛，颇有宋画风韵，并巧妙地将绯红的火捺安排于鹦鹉的尾部，起到巧色利用的效果，虽有残缺，亦不失为宋砚情趣妙品之代表。

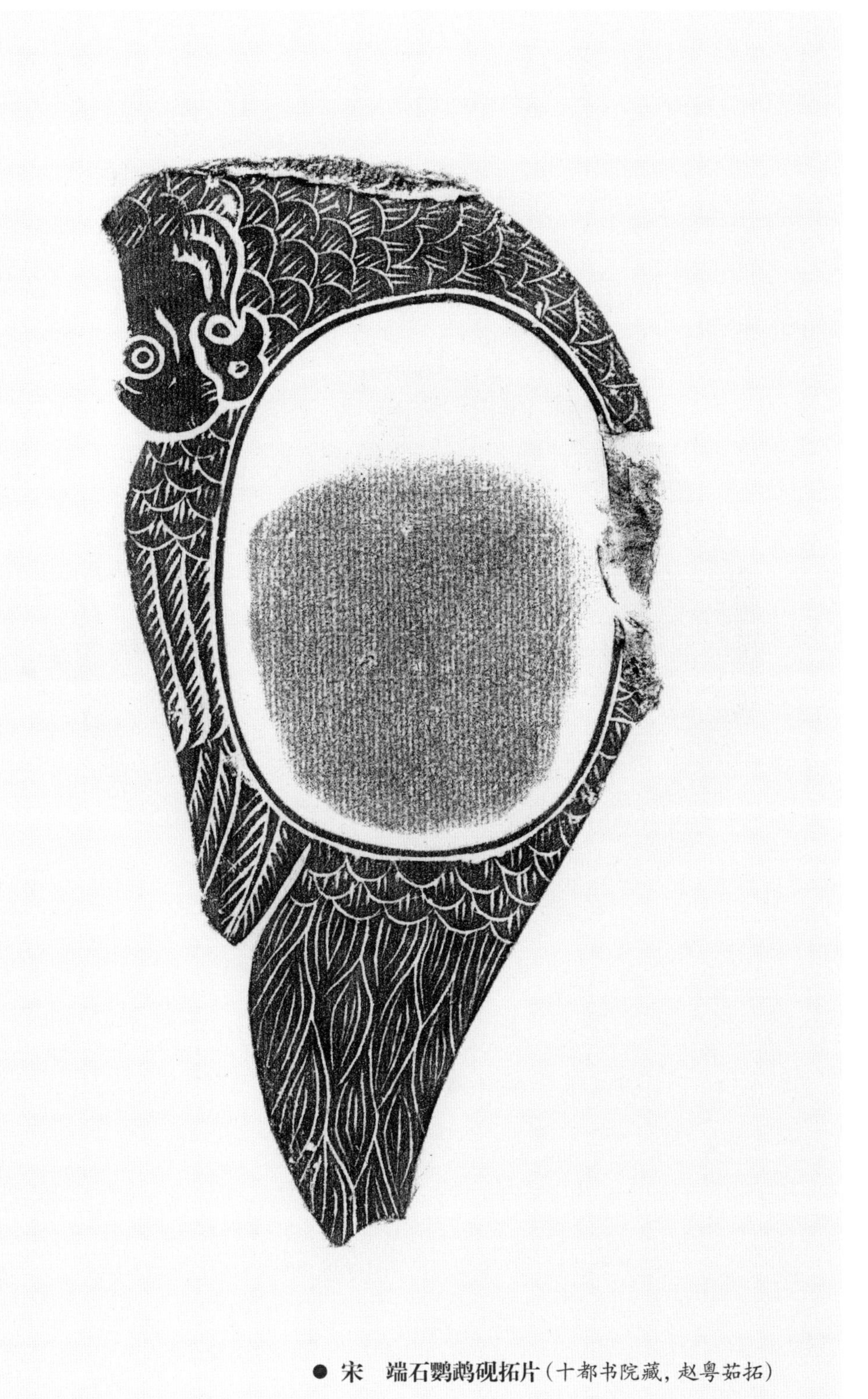

● 宋　端石鹦鹉砚拓片（十都书院藏，赵粤茹拓）

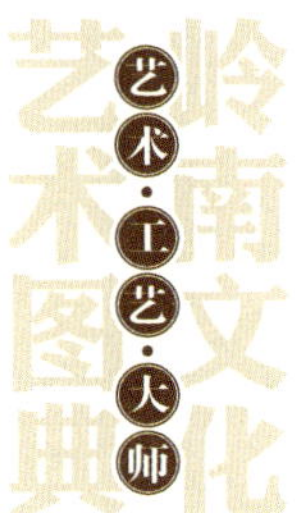

● **元　三足端砚**（十都书院藏）

元代是端砚发展的一个过渡期，端砚在制作工艺上无法同宋代相比，整体比较粗糙，但却成就了豪放朴厚的时代特色，为明代端砚简洁大方、敦厚典雅艺术风格的形成奠定了基础。元代端砚存世不多，图中这方端砚，沿袭了唐代辟雍砚的形制，但砚足由多只减少为三只，并于上方开凿较大墨池，制作粗放，刻刀琢痕清晰，是研究元代端砚的宝贵实物。

元明端砚

端砚自两宋“诸砚之首”地位得以确立，至元明二朝继续受到文人学士及社会上层的喜爱与追捧。元代皇帝就曾以端砚赏赐大臣，明代朝廷对端砚材料的开采更是重视，尤其对老坑（又称水岩）管理严格，曾多次派太监监督开坑闭坑，比如明万历二十八年（1600），太监李凤再开水岩，由该年七月十七日开坑，至次年正月二十八日封坑，历时六个多月，其后即厉行封禁，并设把总一员，专辖守坑，律令盗坑石以窃盗论，老坑遂成皇家专用之坑，故又有“皇岩”之名。至于文人画家、士林学子对端砚更是一往情深，对其品质精美者往往视若珍璧，以为文房重宝，赞美之辞不绝于册，比如赵孟頫的“马肝润带沧溟水，鸲眼涵明碧涧泉”，祝允明的“老坑石，静而寿。所耄耋，交耐久”，文徵明的“端溪之英，石之精寿”，徐渭的“端石之佳，生于水涯”等。在砚学研究领域，则进一步形成了“今时论砚，必首重端”的局面。

元代是由北方游牧民族建立的少数民族政权，北方游牧民族性格里的粗放与豪迈自然流露于元代的工艺美术作品中，端砚也不例外。这种粗放与豪迈的艺术面貌入明后加之儒雅风流的慢慢熏养逐渐形成了简洁大方、敦厚典雅的艺术面貌，为端砚在明代再起高峰提供了大时代背景。唐宋端砚往往注重造型，图案及花纹雕刻不多。明代端砚在制作上图案及花纹雕刻不断增多，并逐渐形

● 明　端石《海天浴日》砚（引自《西清砚谱》）

此砚构思巧妙，雕琢大气，大开大合之间不失圆熟肥润，人工与自然得以巧妙结合，背面日中三足乌雕刻得更是层次分明，生动传神，为明代砚雕艺术的高超代表。

● 明　端石《海天浴日》砚背面（引自《西清砚谱》）

成了大气雄壮、敦厚典雅的艺术面貌，承前代之风韵，立后世之典章。如果说“制砚工艺”重在制作，偏于使用，那“砚雕艺术” 则重在雕刻，偏于审美。端砚制砚工艺形成并成熟于唐宋，砚雕艺术缘起唐宋，成熟于明，后世渐弱，未有超越者。今观明代砚雕往往大开大合，浑浑厚厚，刀劈斧砍中不失肥润圆熟，其粗者或显笨拙简陋，而精者则能呈现一种大气阳刚、温厚端庄的艺术效果，非细巧纤弱、玲珑弄巧者可比，《西清砚谱》所载《海天浴日》砚可为代表之作。

明代端砚在砚雕艺术取得突破性发展的同时，砚的造型也产生了很大的变化。主要体现在淌池砚、随形砚的成熟与推广。淌池砚是在宋代抄手砚的基础

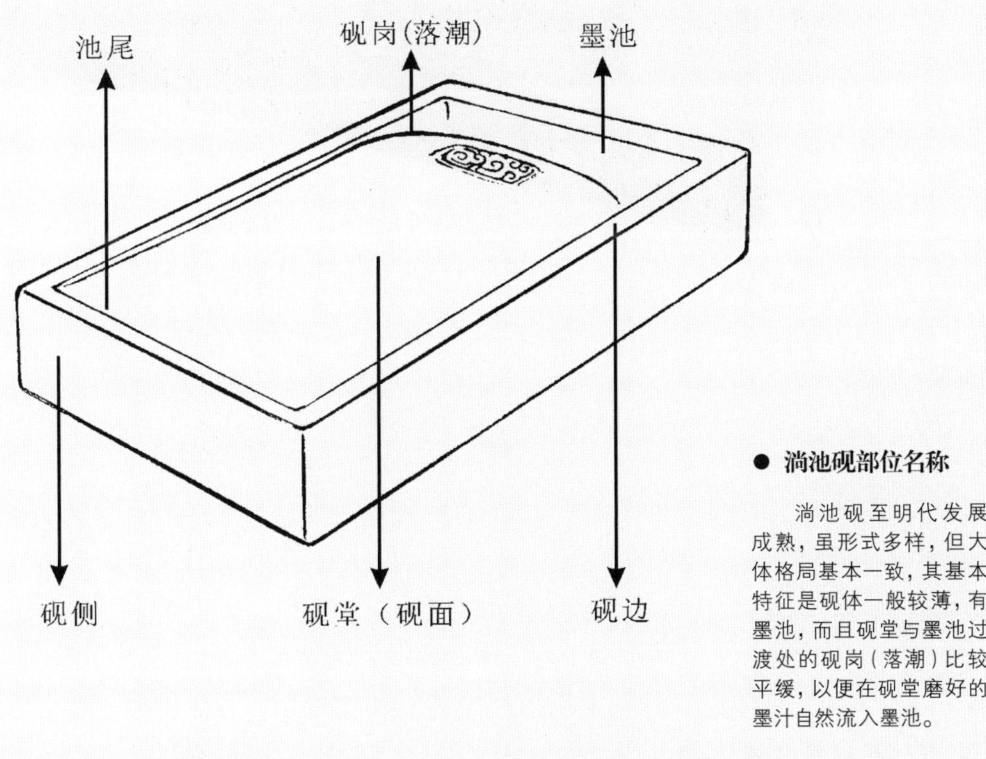

● 淌池砚部位名称

淌池砚至明代发展成熟，虽形式多样，但大体格局基本一致，其基本特征是砚体一般较薄，有墨池，而且砚堂与墨池过渡处的砚岗（落潮）比较平缓，以便在砚堂磨好的墨汁自然流入墨池。

● 明 淌池端砚(天津市艺术博物馆藏)

淌池砚大体结构相似，但也有变化，图中这方淌池砚两侧砚边凸出，似篆书的"门"字，故又称门字砚。门字砚属于淌池砚，是淌池砚的主要形式之一。

上发展来的，抄手砚高高的垂裙渐渐变短，最终消失，砚台长方体的外形得以确立，并延续至今，成为大众心目中砚台的标准样式。随形砚是在宋代天趣砚基础上发展来的，两者有一定联系，但又有区别，因材施艺、随形造势、追求自然美方面是一样的。但天趣砚在自然与人工两者之间极重自然，尽量减少人工的因素，最好没有。而随形砚在自然与人工两者之间则互有兼顾，甚至只是取自然之味，而行人为之美。也正因为随形砚不是简单地保留自然，而是在自然的基础上创造自然，反而从一定意义上推进了明代砚雕艺术的发展。

● **明　淌池端砚**（十都书院藏）

图中此砚也具备淌池砚的基本特征，是在门字砚的基础上变方为圆而来，为淌池砚的一种变化形式。

● **明　随形端砚**（十都书院藏）

随形砚兴起于明代，并很快走向成熟。明代随形砚大多能于起伏变化中不失人为驾驭，形成了浑厚自然的艺术面貌。图中此砚器形饱满敦厚，处理自然圆转，雕刻果断有力，充分彰显着大明风度。

明代端砚还有一种砚式比较多，就是平板砚。平板砚即对砚台不加雕饰，只磨成长方形的平板，很能突出砚石的观赏把玩性。平板砚的大量出现说明明代玩砚品石之风已相当盛行，也使我们从一个侧面看出明代端砚材质已相当可观了。

● **明　端砚宋坑平板砚**（一笑斋藏）

赏砚、品砚之风在明代也较为流行，加之明代端砚佳石不断涌现，能充分体现砚材观赏性的平板砚逐渐增多。图中此砚取自端石宋坑，有数团火捺，赤晕如蒸，具有一定的观赏性。

● **明　端石抄手砚**（十都书院藏）

明代玉雕手法粗放，有“粗大明”之称，这一点在明代砚雕中也非常明显。图中此砚沿袭了宋代抄手砚的样式，但墨池变大了，并在墨池中雕刻立体云龙，造型夸张，手法粗放，是“粗大明”的代表。这类砚式在明代比较常见，存世较多，云龙雕刻水平也高低不齐，此砚算是雕刻水平较高的。

清代端砚

清代“康乾盛世”，历经康熙、雍正、乾隆三朝130余年，社会安定，经济繁荣，国力强盛，各行各业均有很大发展。在工艺美术领域，呈现出一种精致典雅、雍容华贵的审美取向，但此审美取向在端砚上表现得并不明显，这是因为作为文房至宝的端砚虽然仍旧一如既往地受到人们的青睐，但因东北是清廷龙兴之地，康熙时将产于东北的松花砚定为御用砚种，打破了端砚一直以来“第一宠

● **清　松花砚**（引自《品埒端歙》）

东北为清廷龙兴之地，产于满族发祥地长白山的松花石砚，被康熙封为“御砚”，松花砚也就成了代表宫廷审美的御制砚。图中此砚为清宫旧藏松花砚，方正端庄，纹饰华丽而不失典雅，是清代宫廷制砚的代表。

砚”的地位，所以今天我们看到的清宫御制，端砚远不如松花砚多。这人为政治上的原因，无形中却给端砚的发展减少了束缚，开拓了空间。乾隆时曾将全国十三口通商改为只留广州一口通商，使广州乃至岭南地区的社会经济文化得到极大发展，岭南自身繁密精巧、偏重民俗的审美意识也逐渐走向成熟与完善，并在岭南文化的各个领域表现出来，失去“御制”束缚的端砚雕刻，在岭南当地的雕刻制作中很自然地也带有了浓浓的岭南味，呈现出民俗化的审美取向，并逐渐与其他砚种拉开了距离，“粤工”之名应运而生。与岭南当地民俗化的发展方向相对应，在文人士大夫中间，尤其是江南一带，藏砚、赏砚乃至参与制砚已是极风雅

● 清　刘源制端石《龙珠》砚

（故宫博物院藏）

刘源，字伴阮，河南祥符（今开封）人。清康熙初年官职刑部主事，在绘画、书法、雕刻方面造诣很深，并善于设计瓷器、御墨等文玩。《龙珠》砚为刘源代表砚作，背有乾隆御题，砚盒底面刻二十八星宿图，内填金“天府永藏”御印，收录于《西清砚谱》，是为数不多的清代宫廷端砚，异常珍贵。此方端砚外形圆浑，云龙雕刻玲珑有气势，彰显出浓厚的帝王气度。

● 清　端石《阮元铭云林小景》砚拓片

（天津市艺术博物馆藏）

阮元，字伯元，号芸台，江苏仪征人。为乾隆、嘉庆、道光的“三朝阁老”，曾任体仁阁大学士、两广总督、云贵总督等职，是清代著名的政治家与学者，被尊为一代文宗。道光帝旻宁在阮元祭文中称其：“极三朝之宠遇，为一代之完人。”阮元治学涉猎广泛，爱砚、藏砚，对清代砚学的发展及清代文人砚的发展都起到巨大的推动作用。

此砚背面雕刻画意浓厚，意境淡泊清幽，有浓浓的书卷气，侧刻“伯元精玩”，是清代文人砚的杰出代表。

● **清　王岫君端石《山水》砚拓片**

（天津市艺术博物馆藏）

王岫君，清代乾隆时期江南制砚名家，而今所见其砚作多依据石形，融以山水绘画的意境笔法，是将绘画与制砚结合的早期尝试，也是清代文人砚的一种形式。

● **清　端石《石皮山水》砚**（延赏楼藏）

此砚于规整中不失自然，背面利用石皮巧作山水，有一定画意，体现出清代文人砚的情趣性。

● **清　端石《石皮山水》砚背面**

● **清　端石平板砚**（延赏楼藏）

文人砚不等于山水砚，具备文人气的山水砚才可归入文人砚，而且也只是文人砚的旁支。文人砚的精神不在一招一式，更没有特定的题材，关键在于是否有书卷气，是否有简朴高雅、洗尽铅华、淡然古朴的精神气质。流行于明代的平板砚，除了能充分体现材质的美以外，造型简洁至极，可谓万法归一，且静穆沉稳，散发出淡然古朴的气息。至清代平板砚备受文人推崇，工艺较之明代也有所进步，已发展为文人砚的主要代表形式。图中这方平板砚，材质上乘，形制规矩，充分体现了清代文人砚的精神气质。

● **清　端石素砚**（十都书院藏）

清代文人砚除了平板砚以外，还有一些不饰纹饰的素砚，制作精良者也能散发出浓浓的文士气，亦当归入文人砚的范畴。图中此砚体形方正，比例恰当，线条明朗而不失弹性，为清代素砚较突出者。

的事，文人砚逐渐形成。明代流行的平板砚，因简洁文雅，又便于题铭刻文，抒发心志，至清代成为文人砚的一种普遍形式。同时还涌现出了一批制砚名家，比如顾二娘、王岫君、黄宗炎等，他们大多为江南人士，主要制砚活动也集中于江南一带，所制端砚大多格调高雅，从一定意义上来说，已将制砚从工艺美术上升到闲情逸兴、放纵心怀的艺术创作了，也就将文人砚推向了高峰。总体来说清代砚雕时代主流风格是精致典雅、雍容华贵，具宫廷审美，另有民俗化砚及文人砚两种类型，端砚则有别于整体砚雕风格的主次情况，是以民俗化为主体，以文人砚为高度，以宫廷审美为补充。

与文人砚发展相伴随，继宋代砚学研究的第一个高峰之后，清代砚学研究蓬勃发展，成果颇丰，端砚专著层出不穷，比如高兆的《端溪砚石考》、吴绳年的《端溪砚志》、袁树的《端溪砚谱记》、陈龄的《端石拟》、何传瑶的《宝砚堂砚辨》、吴兰修的《端溪砚史》等。如果说

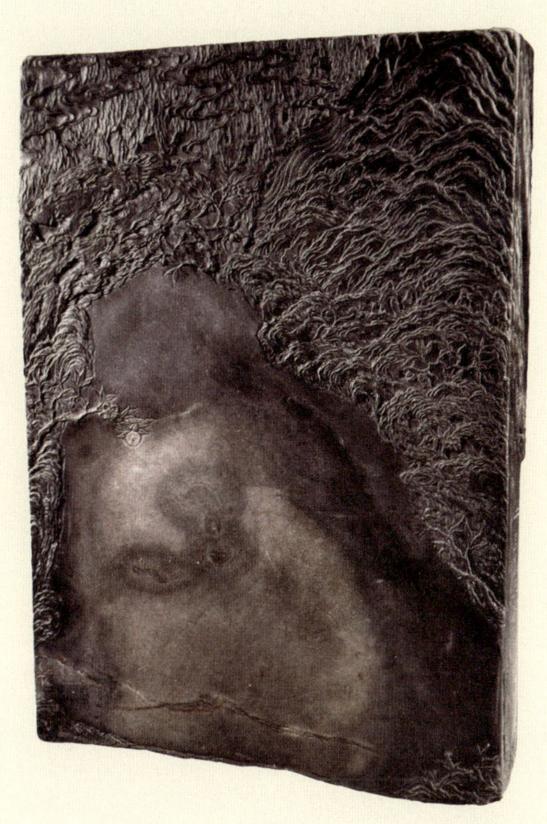

● 清　郭兰祥端石老坑《千金猴王》砚（广东省博物馆藏）

端石产地肇庆历来制砚成行成市，其中也不乏能工巧匠，生于清代中晚期的端州白石村人郭兰祥，可谓其中佼佼者，今观郭氏砚作，繁复不琐碎，灵秀有骨力，堪称一代高手，可为岭南砚雕之代表。此件《千金猴王》砚选用端石老坑上品制作而成，砚堂有大团珍贵鱼脑冻，且状如白猿，可谓自然造化之奇品、妙品。

● **清　端石麻子坑《福禄寿》砚**（拿云楼藏）

民俗题材是清代端砚的主题，在保证砚台的研墨功能以外，还喜欢在砚上加入一些吉祥如意的内容，以满足购买者的美好愿望。图中此砚选端石名坑麻子坑砚石制作而成，上方雕刻蝙蝠（代表福）、鹿（代表禄）、松、灵芝（代表寿），刀法细腻，是清代民俗题材端砚中比较上乘者。

● **清　端石麻子坑《云蝠》砚**（拿云楼藏）

此砚取材端石麻子坑，制作讲究，砚体线条处理流畅自然，为清代民俗题材端砚中不失文雅的上乘之作。

● **清　端石《梅花》随形砚**（三省堂藏）

随形砚在清代端砚制作中也大量存在，有别于明代随形砚人工大于自然的情况，清代随形砚保留砚石自然之美的倾向要明显一些。图中这方《梅花》随形砚只对砚石外形作简单处理，并借势雕梅花一枝，别有风味。这类"梅花"随形砚是清代随形砚的常见题材，介于文人砚与民俗砚之间。

宋代之砚学高峰得益于宋代金石之学的兴盛，那清代之砚学繁荣则得益于清代考证之学的发达。清代和宋代一样，还涌现出了一些对端砚如痴如狂的玩家与收藏家，比如黄任、纪昀、高凤翰等。他们每得佳砚往往题诗刻铭，拓印装裱，甚至结集成册，刊行于世，是清代文人砚发展成熟的直接推动者与参与者，对砚文化的挖掘与提升起到了积极作用，从而真正完善了砚学研究的体系，即以文字为主的砚论研究与以创作为主的实践探索两者的结合。这一点对当今砚学研究者也很重要，研究端砚光在书本里研究是不行的，一定要"藏"，不"藏"就没有参与，没有参与就会说空话，说套话，说废话。

清代松花砚虽然被人为地定为御用，但在大众心中端砚无疑还是"诸砚之首"，政府对端砚名坑开采的管理也非常严格。清代端砚材料越出越佳，越出越奇，并于乾隆年间发现了品质仅次于老坑的端砚第二大名坑麻子坑。目前所知的端砚众多坑口，至清代已基本开采，端砚材料体系全面形成。

当代端砚

清末以来，端砚的发展大概可分为三个阶段，即清末民国的衰落期；20世纪50年代末至2000年的迅猛发展期；2000年至今的市场繁荣期。

清末民国时期，中国内忧外患，连年战乱，百业凋零，民不聊生，端砚业也走到了历史的最低谷，尤其是抗战时期，砚坑基本停采，制砚几乎断绝，肇庆当地也就只剩下几间经营端砚兼营磨刀石、碑石的小店。

新中国成立以后，50年代末人民政府开始筹划恢复端砚生产。一方面成立国营端砚厂，邀请砚雕艺人归队，

● **椭圆池头砚**

图中此类椭圆形的池头砚是目前端砚最普通的商品砚样式之一，一般采用较为普通的石料批量生产而成，也叫“学生砚”。

● **出口日本的端砚**

当代端砚自恢复生产以来，在20世纪七八十年代曾大量出口日本创汇。当年出口的端砚材料良莠不齐，制作高低不一，除大量学生砚外，基本是民俗性极强的雕花砚。图中此砚取材端石麻子坑，质地紧密，石色微蓝，是当年出口日本的中档端砚商品。

并有计划、有组织地培养年轻人学习雕砚，重新建立起了端砚生产的人员队伍。另一方面在政府组织下，1962年麻子坑重新开采，1972年老坑重新开采，1978年坑仔岩重新开采，到20世纪80年代，历史上的主要名坑基本都得到复开，所出砚料无论是质还是量均大大超过历朝历代。1972年中日建交以后，日本市场对端砚需求很大，这又大大刺激了端砚行业的发展，之后韩国等亚洲国家和台湾地区对端砚也有很大需求，端砚产量随之不断加大，从业人员不断增多，行业队伍不断扩大，端砚业得以迅猛恢复和发展。

2000年是当代端砚发展的一个分水

● **出口日本的学生砚**

此砚小巧精致，取材端石坑仔岩，有天青等石品，为20世纪80年代出口日本的学生砚，当时售价人民币80元。

● **中国文房四宝特色区域授牌仪式暨新闻发布会上全体代表合影**

● **立于斧柯山的政府公告**

此公告内容为："砚石资源属国家所有，任何单位和个人不得侵占和破坏砚石资源。未经国土资源行政主管部门审查批准，高要市、端州区、鼎湖区烂柯山和北岭山脉等砚石资源（含绿端石）一律禁止开采。未取得采矿许可证擅自开采砚石资源的（含绿端石），矿产资源管理法律法规规定处以10万元以下罚款；情节严重，构成非法采矿罪的，处以三年以下有期徒刑、拘役或者管制，并处罚金；造成砚石资源严重破坏的，处以三年以上七年以下有期徒刑，并处罚金。举报电话：2827430、2890209 。肇庆市国土资源局"

由公告内容可见肇庆市政府对端石资源保护的高度重视，从中也可看到肇庆市政府对端砚的重视。

岭，这一年，端砚封坑。

我们知道端砚之所以位列"诸砚之首"，归根结底是因为其材料是"诸砚石之首"，而端砚材料是不可再生资源，也就是不可再生的财富。新中国成立后端砚重新开坑以来，因为各种原因，端砚资源有过度开采及破坏性开采的现象，而且有的名坑已开采殆尽，对端砚资源的有效管理刻不容缓。从2000年起，政府正式对端砚坑口陆续封坑。而今看来，封坑不但没有不利于端砚业的发展，端砚的真正价值反而得以逐步体现，并极大地刺激了端砚的发展。当地政府也不是只封不管，而是为了保护而封，为了发展而管，2001年肇庆市端砚协会成立，2004年肇庆市荣获"中国砚都"称号，2010年端砚入选"岭南文化十大名片"……端砚迎来了新的市场繁荣期。

● **当代吉祥如意类端砚**

● **当代山水类端砚**（星湖春晓砚斋藏）

● **山水类端石老坑《兰亭》砚**
（星湖春晓砚斋藏）

《兰亭》砚为一传统砚形式，取材兰亭雅集，曲水流觞，多为长方形，以绿端制作。此《兰亭》砚外形椭圆，为端石老坑材料所作，实属难得。

清末民国时期所制端砚，一般比较粗糙，唯满足实用功能而已，乏善可陈。新中国成立后端砚虽经历了迅猛发展，并形成了市场的繁荣，但人们书写方式和书写工具的变化，对端砚乃至整个砚界影响巨大，砚台的实用需求大大降低，其根本存在价值受到动摇，因此端砚逐渐淡化自身实用性，突出观赏性，从而民俗化进一步加强，随形砚一统天下，礼品砚成为主流。在题材上，主要有吉祥类和山水类，吉祥类比较通俗，在端砚中低端市场中比较多；山水类比较有陈设性，在端砚中高档市场中比较多。以上两类端砚在特定的历史时期，确实是起到了端砚由日用品向礼品过渡，并维持行业稳定发展的作用。但随着近年中国国力的不断提高，中国传统文化的回归也不断升温，中国传统砚道敦厚古雅、简朴自然的审美追求已经被越来越多的爱砚人士所认同。吉祥如意、山山水水的题材，繁杂轻薄、穿墙过枝的表现已变得越来越僵化，越来越地域化，越来越世俗化。随着端砚收藏市场越来越成熟，爱砚懂砚的藏家不断增多，加之端砚原材料的日益紧缺，端砚的发展处在了一个十字路口，是离砚道越来越远，把砚往摆件、石雕方面做，还是回归传统、提高文化含量、精益求精，发展健康的收藏市场呢？所以当代端砚人面临着挑战，且必须面对，尽力克服，否则，砚道断于我辈之手也未可知。

当代端砚雕刻虽整体无法与前代相比，但亦有高手，尤以“二程”为代表。“二程”即程文、程八。程文制砚功力深厚，运刀如笔，才情纵横，寓无限情趣于大刀阔斧之间，其砚作已远超砚道，至高妙之艺术境界。程八制砚属古典规整一路，方圆之中，起伏之间，法度严谨，一丝不苟，刀锤间功力已入化境。“二程”中程文是砚雕艺术的高峰，程八是砚雕工艺的高峰，一个豪放，一个工整，如吴道子与李思训，共同造就了我们这个时代的辉煌，亦可使吾辈于后人面前无愧于历史。

● **程文作品《开卷有福》**

程文是目前端砚行业的国家级非物质文化遗产（端砚制作技艺）代表性传承人，广州大学美术与设计学院客座教授，曾任肇庆市端砚厂厂长、肇庆端砚研究所所长等职务。程文12岁开始学习制砚，传统功力扎实，壮年曾游历大江南北，开阔眼界，还曾多次出访日本，扬砚艺于海外，并打破门户之见，于20世纪七八十年代公开开班授徒，桃李芬芳，对当代端砚的发展起到重要的推动作用。50岁以后，程文制砚个人面貌确立，可于大刀阔斧间纵横才情，于随意挥洒中满眼生机，形成了雄健老辣的艺术风格。从砚雕艺术高度讲，程文的艺术成就已不逊于古人，如从雕塑艺术的角度讲，程文的砚雕艺术堪称当代雕塑大师。

图中此砚取材端溪老坑石，通体天青，有鱼脑、冰纹等石品，为制砚良材。程文随形就势，于下方斜面雕图书一卷，内藏蝙蝠三只，名曰《开卷有福》，天然、人工结合巧妙，刀法苍厚，充分体现了程文制砚艺术的风格面貌，是程文砚雕的代表之作。

砚后铭文：“知福惜福乃是修福，静心随心自然养心。”

● 赵粤茹拓程文作品《开卷有福》

● **程均棠作品《寒潭泻春》**

程均棠，艺名程八，青年时开始随家父制砚，几十年严格遵循制砚传统之道，练就了扎实的制砚整形功力，并形成了严谨工整、典雅华丽的砚雕风格。程八砚作可以说是清代乾隆工在当代的体现。图中此砚，取材端石麻子坑，紧密滋润并有大团透底天青冻，非常难得。

程八将其制作为古琴砚，并于砚面以平底生花的手法雕刻万字夔龙纹，精致典雅。此砚充分体现了程八制砚的风格面貌，是程八砚雕的代表之作。

砚后铭文："月明空谷，寒潭泻春。兰香入酒，松风抚琴。苍石无语，青霜照神。沉吟低唱，猿鹤知音。"

● 赵粤茹拓程八作品《寒潭泻春》

● **一笑斋作品《云海》**

文人参与制砚，历来有之，所作多属文人砚范畴。

图中此砚取材端石坑仔岩，质地细润，天青底上有大团透底鱼脑冻，材料难得。砚的款式在继承传统的基础上又有新意，云纹雕刻层次丰富，脉络清晰，悠然缠绵，荡气回肠，且雕刻圆熟，打磨精细，通体不见刀痕。

此硯製作始於庚寅之夏成於辛卯之秋撫而望之如見星河水似立岱宗峰乾坤吐納滌蕩心胸文房神品也 一笑齋精製

● **赵粤茹拓一笑斋作品《云海》**

砚体右侧有篆书砚名“云海”二字。

砚背铭文内容为：“江山元气，万载长空。横扫日月，潜隐飞龙。润泽大地，浩荡心胸。倚剑笑傲，立马扬鬃。”

砚体左侧题跋内容为：“此砚制作始于庚寅之夏，成于辛卯之秋，抚而望之，如见星河水，似立岱宗峰，乾坤吐纳，涤荡心胸，文房神品也。一笑斋精制。”

端砚坑口

端砚因其材料优越的发墨性及观赏性位列“诸砚之首”，所以要了解端砚必须先了解端砚材料，要了解端砚材料则必须先了解端砚坑口。坑口即端砚材料不同的石脉。同一石脉石质一般有一定共性，品质也有比较统一的高度，所以坑口如同端砚的出身，是决定其价值高低的基础。如果说古砚断代是鉴定古砚的基本功夫，那坑口断定则是鉴定端砚的基本功，分不清坑口，欣赏或收藏端砚就会如同雾里看花，迷蒙恍惚。

端砚坑口概况

端砚砚石自开采使用以来，已有近1400年历史，坑口众多，其中有的坑口自发现以来开采至今，有的坑口则因开采殆尽而消亡，有的坑口因多种原因，虽有材料但停止开采，所以端砚坑口的情况不是一成不变的静止状态，而是不停变化的过程。本书所谈坑口内容是以目前端砚现存坑口的情况为主要依据，并兼顾历史变化而展开介绍，尽量使读者在阅读后能有较强的实际可操作性。

端砚砚坑分布在广东省肇庆市范围内，主要坑口又集中于东、西、中三大区域，东部以斧柯山为主体，中部以羚羊山为主体，西部以东西走向的北岭山为主体。斧柯山与羚羊山以西江之羚羊峡相隔，羚羊峡水流湍急，两岸山色叠嶂，有“小三峡”之称，羚羊山与北岭山则以321国道相隔，所以我们可以将端砚砚坑的分布格局理解为：一江一路三座山。

端砚砚坑东、西、中三大区域中，羚羊山与斧柯山两山实为一脉，一江断隔而已，故两区众砚坑石材也较为相近。羚羊山实为斧柯山之隔岸一角，在三个区域里也最小，主要坑口有白线岩与有冻岩。斧柯山又名烂柯山，坑口众多，名坑云集，为端石开采之主战场。斧柯山的端砚坑口又可分为两大部分，即紫云谷内众坑口和斧柯山东部沙浦镇附近众坑口，斧柯山东部地域较广，坑口繁多，但多储量不大，单个坑口难成气候，故统称斧柯东或沙浦石；而

● **砚坑分布地理平面图**

北岭山位于肇庆市城区北面，故称北岭山。如与羚羊山、斧柯山参照来看，以指南针所指方位为准，北岭山则位于西方，所以端砚砚坑分布主要是东、西、中三大区域。（绘图：王正光）

端砚名坑则基本位于紫云谷内北侧，主要包括老坑、坑仔岩、麻子坑，在麻子坑附近还有冚罗蕉、朝天岩、宣德岩等坑口，可谓端石精华尽含其中。目前紫云谷已开发为旅游景点，谷内溪水清澈，两侧林木繁茂，端砚名坑星列其中，亦是清凉好去处。北岭山砚石储量很大，但所出砚石与羚羊、斧柯二山相差甚远，以较为实用的宋坑石为主。端砚坑口在三大区域之外还有些较为独立的零散坑口，比如产于七星岩景区的白端。往往这类坑口远离主脉，比较有特色，多属端砚别品。

● **后沥渡口**

由肇庆市城区去紫云谷需先到后沥渡口，然后乘船过江，此图为立于后沥渡口远望对岸紫云谷谷口的景象。

● **紫云谷谷口**

紫云谷内溪流原本直入西江，后于谷口修坝立栅，并刻有“砚坑紫云谷”字样。

● **紫云谷风光**

紫云谷溪流冰澈清凉，增斧柯山一分秀气，添谷中诸坑砚石一缕灵气。

● **云遮雾罩的北岭**

北岭山连延绵长，宋坑诸坑口大多藏身其中。

● **三大名坑分布**

图中老坑坑口至江岸大约150米左右。紫云谷蜿蜒崎岖，端砚名坑基本分布于其北壁。溪谷深处有砚坑村、杨梅田村两个自然村，村民大多存有砚石出售。（绘图：王正光）

在端砚诸多坑口里，于羚羊峡之畔、紫云谷之口的老坑是无可争议的第一名坑，可谓端砚里的皇族；于紫云谷较深处的麻子坑，石质亦极佳，位居第二；与老坑相隔不远的坑仔岩，石质类似于老坑，位居第三。以上三者，一般合称端砚三大名坑，为端砚里的贵族，其中优质者实乃天地之精华，山川之灵秀，极具收藏价值。

端砚坑口不同，材质有较大差别，但是同一个坑口的砚石品质也有很大不同。我们在评判一方砚石的优劣时，既要搞清坑口，又不能一味迷信坑口。拿三大名坑来说，好的坑仔岩砚石远胜于差的老坑砚石，而好的麻子坑砚石甚至不逊上品老坑砚石。又如斧柯东，虽整体不及三大名坑，但亦偶有精妙者，品质不下坑仔岩，且极为难得，甚至有的是孤品。所以断定坑口是鉴定端砚的基础，而能明确地判定品质则是更高境界。

老坑

端砚老坑乃砚中王者，如印石之田黄、玉石之和田，历来为世人所推崇。翻开历代砚书，多以论端砚为主，而每论及端砚，大半又多谈老坑，所以搞不清老坑难以谈端砚，搞不清端砚难以谈砚台，老坑实乃砚学材料研究之核心，也是评判其他砚石品质高低的参照物。

老坑位于羚羊峡紫云谷谷口，距河岸不远，其矿脉自坑口延展地下，终年积水，故又称水岩。常年地下水的滋养，是老坑砚石品质优于别坑的其中一个重要原因，但也增加了老坑的开采难度，需等到西江河每年枯水期，先将坑洞内积水抽干，方可开采，再加上老坑洞内狭窄，活动

● **老坑坑口图一**

图中为开发旅游前的老坑坑口，可见坑口不大，不难想象当年进出采石的艰辛。

● **老坑坑口图二**

图中为开发旅游后的老坑坑口，也是现在所能见到的老坑样貌。图中可见已修砌了台阶，并加了围栏，老坑洞口积水的水平面也随之上涨，已看不到老坑坑口的具体情况了。

● **老坑新坑口**

1972年老坑重开，为便于开采，1976年于老坑原洞口右侧30米左右的位置，新开一口，直插老坑大西洞，并架设轨道滑车，大大提高了老坑的开采效率。图中为老坑新洞口，门上牌子清楚写道："老坑洞口，开于1976年， 肇庆市文物管理委员会。"

● **已封闭的老坑新洞口内景**

困难，又易发生缺氧或塌方，所以开采艰难，老坑佳料也越发显得珍贵。1972年重开老坑后，为方便开采，提高工作效率，减少意外伤亡，1976年在老坑坑口右侧斜开一洞，直插老坑大西洞，且安装轨道滑车，大大提高了开采效率，并使老坑大料的开采变得相对容易。

老坑历来依石脉开采，在其内部自然形成了不同的坑洞，不同坑洞位置不同，储量不同，品质有所差别。对于老坑内部坑洞的分布，清代吴兰修所著《端溪砚史》有详细图解，一直以来得到普遍认可。图中所见之大西洞为老坑较深处，大概于明末清初才开采至此，因所出砚材美艳滋润，一时惊为天物，备受追捧，甚至大西洞已成为老坑精美者的代名词。吴兰修《端溪砚史》中称："水归洞以众水所归得名，即大西洞之最深处也。"认为水归洞乃大西洞之一部分，所以又说：

"但称大西洞，不另标目。"1972年重开老坑时，老坑采石坑道的走向，基本与吴兰修《端溪砚史》之《老坑内图》大抵相同，当时采石是由大西洞向水归洞方向挺进，至1975年，已分不清大西洞与水归洞。所以不必执著于分辨老坑石是出自大西洞还是水归洞，当以求其精者为佳。

老坑的开采，历来时断时续，因材料珍贵及开采难度大，一般都是由官府进行有计划、有组织地开采。距我们时间较近且比较有名的有卢坑及张坑的开采。所谓卢坑是指清道光时两广总督卢坤所开老坑。清道光十三年（1833），西江洪水决堤，两广总督卢坤准乡民之请，开老坑，以所得为赈灾经费。目前因缺乏可靠实物参照，卢坑面貌尚不确定。至于张坑，

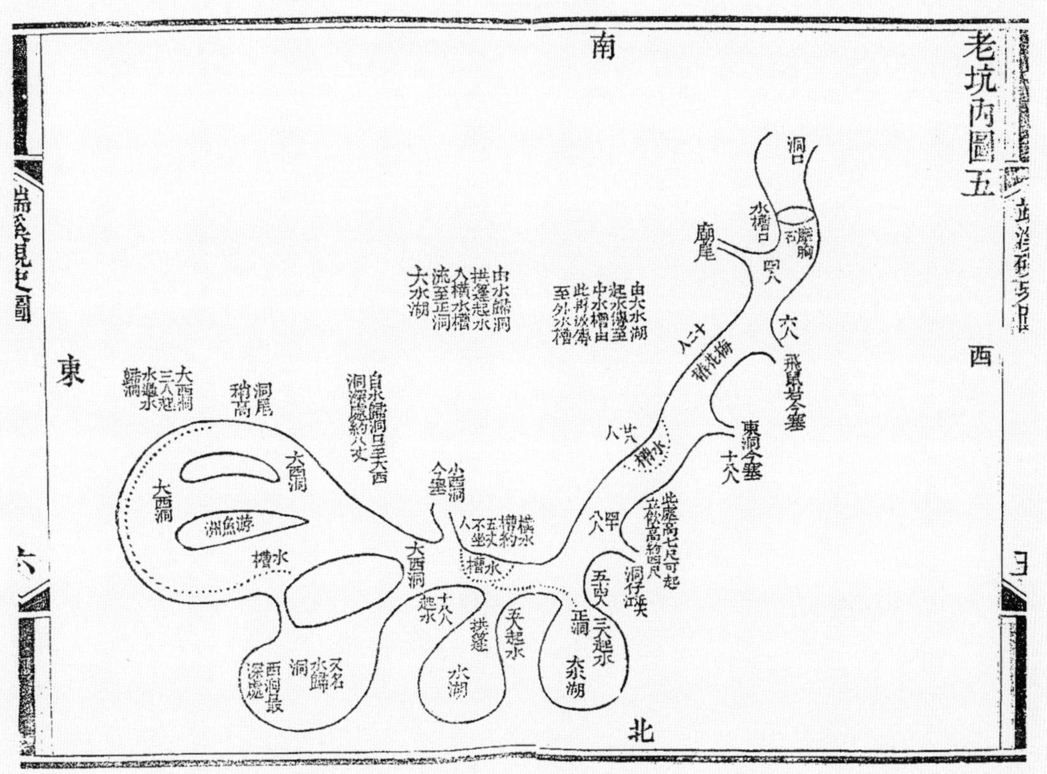

● 清　吴兰修《端溪砚史》之《老坑内图》五

吴兰修，字石华，广东嘉应州人。约清宣宗道光初前后在世。嘉庆十三年举人，官信宜训导。生平爱砚，著有《端溪砚史》三卷，是研究清代砚学的重要典籍。吴兰修曾幸逢卢坤主持开采老坑，有缘亲入洞中考察测量，此《老坑内图》五即是在当时考察测量结果上绘制的。据20世纪七十年代重开老坑时，较早进入坑洞的广东省工艺美术大师陈洪新先生回忆，当年洞中情形与吴兰修所绘《老坑内图》是差不多的，可见《端溪砚史》中的这张《老坑内图》具有相当高的准确性与可信度。

图中大西洞并不在西方，而在东方，东洞也并不在东方，而在西方，这是因为大西洞之所以叫大西洞是因洞口朝西，东洞之所以叫东洞是因洞口朝东的缘故。

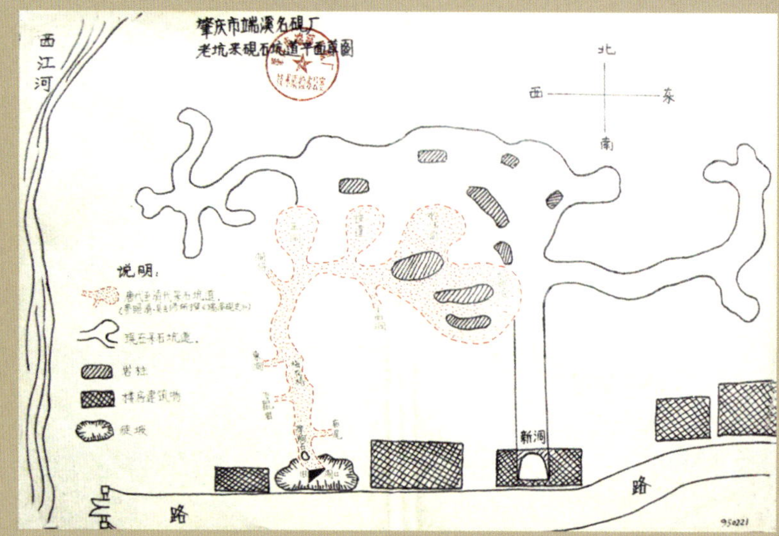

● **1995年陈洪新绘《老坑采砚石坑道平面草图》**

1976年老坑新洞开通后，开采量加大，洞内情况与当年吴兰修所绘《老坑内图》五已发生了巨大变化。此图为广东省工艺美术大师陈洪新先生根据当年开坑情况绘制的《老坑采砚石坑道平面草图》，上有端溪名砚厂技术质检办公室的公章。

图中红色部分为吴兰修《端溪砚史》中的《老坑内图》五，黑色线条部分为后来新开的采石坑道，图中可见大西洞与水归洞早已经打通，已没有区分的必要了。

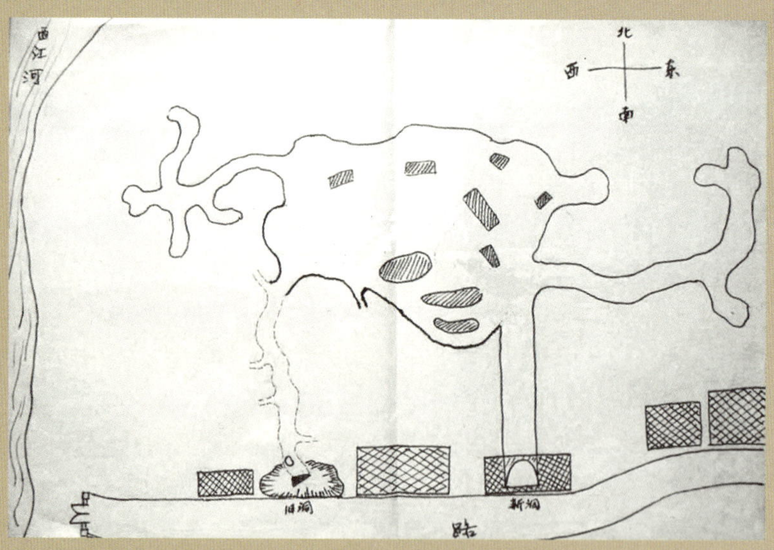

● **1995年陈洪新绘《老坑采砚石坑道平面草图》**

此图为20世纪70年代老坑重开后，内部新的平面图，根据图纸及实地测量，可以看出老坑并未开采到西江河底，老坑长年也并非由西江河河水浸泡，而是由地下水浸泡，地下水水位随西江河水的涨落而有高低变化，故在西江河水水位较低时，易于抽水采石。

● 张坑《喦华四象》砚

（广东省博物馆藏）

张坑是在清光绪时期两广总督张之洞主持下所开老坑。以现藏广东省博物馆的《千金猴王》砚、《喦华四象》砚为其代表。

此砚正面上方刻“喦华四象砚”五个篆字，刻老松一枝，砚面有状如白鹤的鱼脑冻，整体取松鹤之意。背面浅雕瓜瓞连绵，并有蝴蝶穿插其间，以一大瓜为池，也可研墨。侧面刻有“白鹤啄松，青牛眠草；瓜瓞垂实，猕猴捧桃。光绪癸巳，大西洞石，禺山闲叟得之”的铭文。

则是在清光绪时期两广总督张之洞主持下所开老坑。清光绪十五年（1889），张之洞乘坐火轮巡视羚羊峡、砚坑及沿江堤围，裁定不当封禁，并且重新规定：开坑所得，官府充贡品之三成全行裁免，全部所得绅商各半。绅得之半，拨充端溪书院经费。各官不得私受一砚，吏胥不准许索一钱，并刻石为告示。张坑所采砚料，史载普遍较好，今藏广东省博物馆的《千金猴王》砚、《喦华四象》砚可为代表。

● 《两广总督部堂兼署广东巡抚部院张为开采砚石以备贡品事案碑》碑亭

现存肇庆黄岗镇白石村的《两广总督部堂兼署广东巡抚部院张为开采砚石以备贡品事案碑》立于光绪十五年（1889）。图为现存于白石村的石碑以及碑亭。

兩廣總督部堂兼署廣東巡撫部院張 為開採硯石以備
貢品事案據廣東善後局詳稱現奉督憲飭發匠人梁念忠稟稱緣匠人等奉憲台面諭於本年秋冬間預早開採老坑巖石揀選上等純淨
佳品以備
貢材而免遲緩查該巖前有土人崔角稟稱有碍風水曾經請示封禁在案皆係各懷私意起見茲幸憲台關心民瘼因勘基圍曾親到該坑
巖履勘備悉一切皆係砌詞爭訟實與風水無傷理合據實稟明乞恩札飭高要縣先行出示曉諭延請公正紳士勸辦并派委員照料
發給匠人諭帖俾得遵辦并乞恩准照張委員紫前縣所稟立案飭縣給示勒石永遠遵守以息爭端而斷訟藤俾每年辦
貢得以照常取石毋庸再派委員辦歷照料實為恩便等情并章程清摺一扣奉批飭局核議稟覆等因到局奉此本司道等伏查該匠人所
擬章程第三條採出石料分作十二股官三股全行裁免嚴飭查禁原定十二股今改為紳商各半共作十成紳得其五商得其五紳得
之五成撥充端溪書院經費加給膏獎商得之五成凡採硯之股東及匠人津貼匠頭津貼均在其內自應遵照辦理即由該商自行秉
公分派不得稍有偏枯又第五條所稱紳得之石稟存山廠收工之日交給賓興局收領以充修圍經費一節查紳得五成已奉督憲核
定撥充端溪書院加給膏獎則此項石料自應改為撥交端溪監院收領發售每屆得石若干售錢若干即行據實具報不准絲毫隱混
聽候督憲酌加膏獎以培士氣又第六條每次出巖之石酌酧紳董勞勣一節自應定為每百觔十觔以示體䘏所請由紳董備資給匠
每月取石兩日事雖平允必起爭端應請毋庸置議其餘六條均係該商自辦之事尚屬妥協似可照准理合詳請批示飭遵等由并核
議章程一冊到本兼署部院據此查高要硯坑近年請禁請開纏訟不休其請封禁者多言開鑿山巖致傷風水且有謂損壞險要有碍
圍基及縴路者本兼署部院前因查看圍基便路勘視羚羊峽一帶所謂硯坑者乃在峽內小涌之旁地極幽僻皆係荒山犖确且坑口
甚屬狹小十步之外即不能見羚峽連山疊嶂綿延百餘里高逾數百丈區區數坑其於全峽中僅如九牛之一毛微渺已極實於風水
無關更於圍基縴路無涉查肇慶人文素稱極盛嘉慶道光間科第蟬聯才傑輩出其時端溪老坑硯石流播四方最為出名乃近年封
禁以來肇郡科名轉形寥落固屬會逢其適可見開採端石本無關於得失之數可不必封禁每年例備
貢品自應採用佳石尤屬不當封禁茲據匠人梁念忠赴轅呈請開採當經飭局核議所擬章程均尚妥協其向章繳官之三股經本兼署部
院全行裁免改作十成紳商各半紳得之五成撥充端溪書院經費為諸生加給膏獎以地方之出產為地方之公用此外大小衙門如
有規費一概革除各官不得私受一硯吏胥不准需索一錢有益於紳民無損於地方每年限定日期暫行開採尚無妨碍應即遴選幹
員前往會同肇慶府高要縣出示曉諭延致公正紳士妥為試行開辦以應要需除札委通判啟壽前往肇慶會同府縣查照札行事理
曁粘抄章程出示曉諭暫行開採延致公正紳士妥為辦理文武衙門各員役如有私受一硯及需索分文規費者一經發覺定行嚴辦
決不姑寬其有未盡事宜并即會商妥議稟辦外合就札飭札到該縣即便遵照會同委員出示曉諭暫行開採妥為辦理切切此札
光緒十五年八月二十三日札

● 《两广总督部堂兼署广东巡抚部院张为开采砚石以备贡品事案碑》拓片

此碑本为平息砚石争讼纠纷，保护开采砚石以备贡品事案而立。碑呈长方形，端砚石制作，高132厘米，宽84厘米，厚6.6厘米，碑文从右至左，楷体，直行阴刻，共1172字。碑文中除平息争讼，恢复砚石开采以及修改工匠采石章程外，还明文规定，衙门如有各种规费，现一概革除，各官不得私受一砚，吏胥不准许索一钱；文武衙门各员役如有私受一砚及需索分文规费者，一经发觉，定行严办。

老坑开采历史长，备受关注，名称也多，在此不妨概括一下，使大家便于理解。老坑又名水岩、皇岩，三者侧重不同，对象一样。我们如果把三者理解为母概念，那大西洞、水归洞则是子概念，卢坑、张坑则是随机概念。要想准确地分辨出属于这些子概念和随机概念的砚石，不是不可能，但是有很高难度，千万不能纸上谈兵，想当然地随口定论。其实分清出自什么洞，什么坑，远不如分清具体每方砚料品质的高低更有意义。

老坑砚石从磨墨角度来说，论下墨速度可能不及质粗的宋坑，论发墨细度可能不如质紧的麻子坑，但其综合指数很高，能将各种矛盾和谐统一，可谓全能冠军，且所发墨汁油润度很好，储墨时间也长。对于老坑优越的实用性，我们不要小看古人的智慧，在古代，砚是和人们朝夕相处的文具，是要拿来用的，在无数人使用的前提下将端溪老坑列为第一，足以说明问题。至于老坑砚石的颜色，整体色调苍灰微蓝，集丰富变化于沉稳含蓄

● 老坑精品《光风霁月》

此砚石色泽灰而透蓝，通体青花，为老坑之精华者。

● 老坑精品《云月风尘》

此砚石石质细腻，砚面青花、鱼脑冻、蕉叶白等名贵石品相伴随，金线柔和，老坑特征明显，实为老坑之精华者。

之中，若置于水中，映日视之，则娇艳欲滴，美不可言，足以令人神魂颠倒，打动人心。在与人的亲和度方面，好的老坑石细腻温润，有美玉之德，非其他坑口石材可比，更非其他砚种可比。

砚石乃自然矿石，非人工合成，拿老坑来说，虽有一定共性，但其内部也分三六九等，天差地别。在未经研磨比较的前提下，只以肉眼分辨其高低可依据以下五个方面：一、石质细腻度；二、石质滋润度；三、石色沉稳度；四、石色偏蓝度；五、石品丰富度及代表性。一方砚石，如果石质细腻滋润，颜色沉稳且色调偏蓝而不是偏红、偏黄，则品质的基础已经有所保障，如再加上美丽丰富的石品，则是锦上添花（关于端砚的石品，后有专述）。这一原则，不光针对老坑，鉴赏端砚其他坑口也是如此。

在老坑相关问题上，黑端是近来藏砚界比较关注的问题，在此简要说明一下。黑端不是一个坑口，只是历史上的一个个例，而且此个例带有很强的相对性。清代陈龄所写的《端石拟》一书，将老坑分为东洞、正洞、西洞、中洞，又描写了四种老坑带青花的类型，其中就有“黑端间青花”，称其为老坑中洞之石，颜色青黑而带苍灰，湿水看则微紫，宋朝时已经采竭，古砚中亦罕见。黑端与老坑的概念就好比老坑是女人，而黑端则是一个比较黑的女人。黑端之所以引得大家注意甚至去追求，主要是出于一种猎奇，甚至是走捷径的心理，虽然物以稀为贵，但光是玩弄概念，没有坚实的品质作支撑，价值是没有保障的。所以与其去追求这样、那样的奇品，不如踏踏实实地去了解认识精品。奇品、绝品也是要建立在精品的基础上。

坑仔岩

坑仔岩又称坑子岩或岩仔坑，其坑口位于紫云谷谷口附近山腰，与老坑相距不远，始开于宋代，因储量较大，开采比老坑方便，品质也不错，一直以来均有较大量的开采。到20世纪八九十年代，坑仔岩洞内已开采出很大的作业面积，并随着开采由山体表面逐渐向山体腹部推进，坑仔岩的真正魅力方充分体现出来。一批批古之未

● **坑仔岩碎石带远望**

坑仔岩洞口的海拔高度大约为150米，常年采石，在洞口下方积成了瀑布般的碎石带，多为较差不堪制砚的废料。

● 坑仔岩碎石带

● 1978年坑仔岩开采洞口

坑仔岩不止一个洞口，洞内地形复杂，落差较大。但因不像老坑藏于地下开采艰难，在利益的驱使下，屡有盗采现象。

● 1986年坑仔岩开采洞口

● 坑仔岩洞口封坑后情景

● **寻石眼**

坑仔岩石眼较多，且石眼品质上乘。在坑仔岩的碎石带上以前常有敲打碎石寻求石眼者。所寻石眼，虽石体较小，难以做砚，却可用来镶眼，价格也不低。

有、品质极佳、观赏性极强的砚料被开采出来，很大程度上丰富了端砚的高档砚材。目前就“三大名坑”的存量来说，尤其是精品的存量来说，坑仔岩则远远多于老坑和麻子坑，且大料不少。

坑仔岩与老坑一个在山上，一个在山下，脉理相通，石质上也比较接近，老坑好到一定程度，会出现极似坑仔岩的

● **坑仔眼**

图中是在坑仔岩碎石带上寻出的坑仔岩佳眼。

● **类坑仔之老坑**

坑仔岩位置与老坑相近，石品颜色有类似的情况，两者对比，老坑色调要沉稳，偏灰蓝一些，坑仔岩色调则相对偏红，也没有老坑沉稳。图中砚石有蕉白、天青、火捺等石品，颇似坑仔岩，实为老坑上品。

● 类老坑之坑仔

好的老坑有类似坑仔岩的情况，而好的坑仔岩也有类似老坑的情况。图中砚石有大片青花，还有金线，很像老坑，却长了一颗漂亮的坑仔眼，明确了其坑仔岩的身份。

● 《荡冰轮》

坑仔岩有天青及团状鱼脑冻者比较少，品质上乘的更加难得。图中砚石天青冰澈，鱼脑冻白嫩，为坑仔岩之精华者，其魅力不在老坑之下。

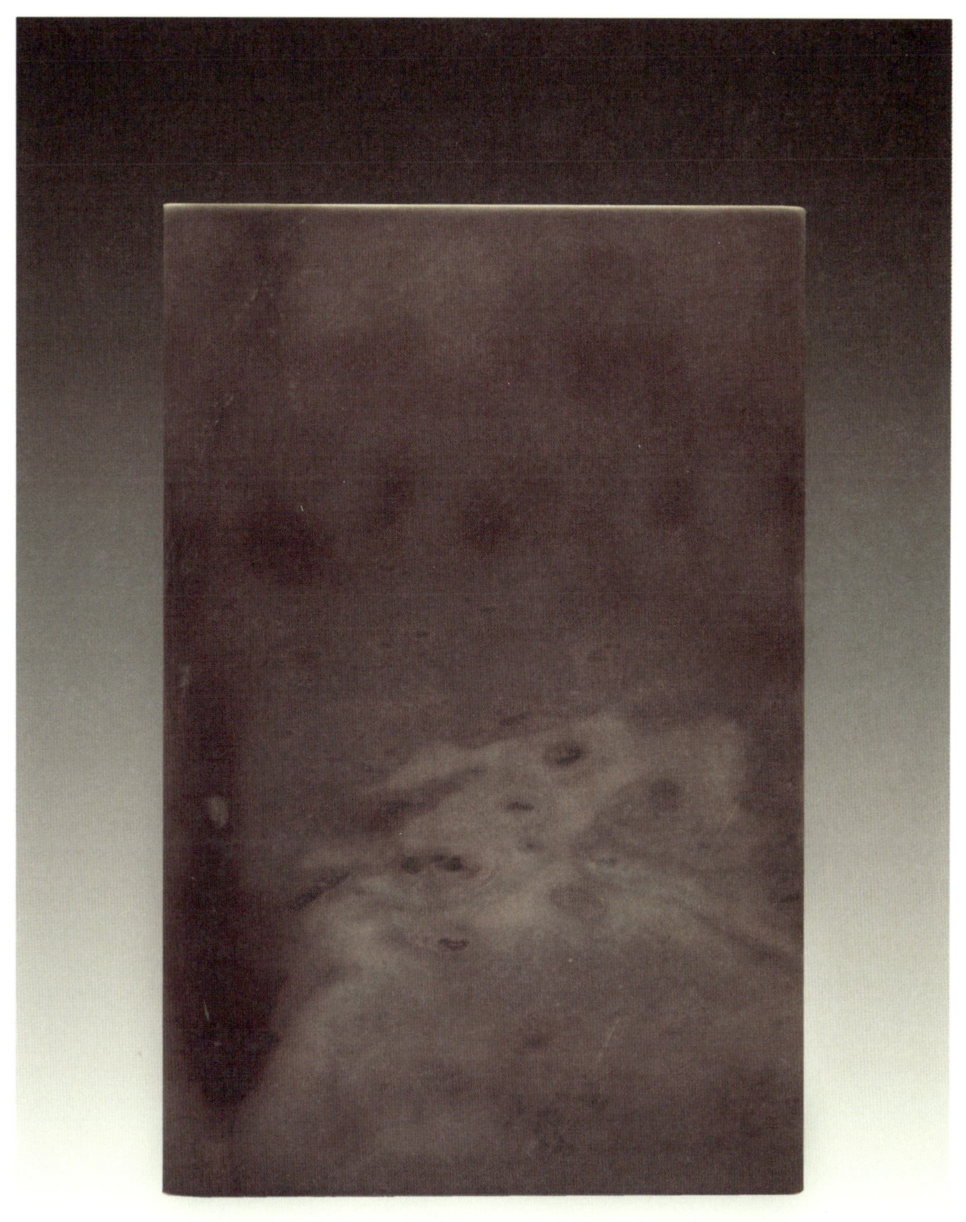

● 《待风翔》

图中坑仔岩有天青、浮云冻、玫瑰紫等石品，且有白鹰待翔的形象，为坑仔岩之妙品。

情况，而坑仔岩又以接近老坑为佳。从石质整体上来看，两者有以下几方面区别：一、色调有区别。老坑砚石整体色调苍灰偏蓝，坑仔岩砚石整体色调则比老坑砚石偏红。二、石质有区别。坑仔岩佳者可比老坑，但整体来说略粗，且比老坑稍脆。三、涤墨有区别。涤墨指磨墨后砚面是否容易清洗，在这个方面，坑仔岩比之老坑还是有较大差别的。至于其他方面，虽有区别，但难以一概而论，需具体问题具体分析。

麻子坑

老坑佳者如玉，麻子坑佳者似冰，一如砚石之王，一如砚石之后，均为天地之精华，山川之灵秀。

麻子坑位于紫云谷腹地近乎山巅之处，与老坑和坑仔岩有一定距离，开采于清乾隆年间。至于其名称的由来则有两种说法：一说因为其发现者陈姓砚工面有麻子，绰号陈麻子的缘故；另一说其坑内所出砚材有独特点状青花，貌似麻子而得名。麻子坑虽开采历史不长，但以其优越的品质，冷艳的娇美倾倒众生，

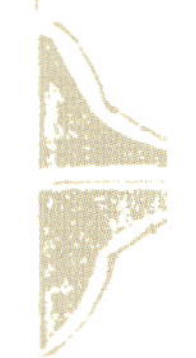

● 麻子坑碎石带与端溪的位置关系

麻子坑深藏紫云谷腹地，图中上为麻子坑坑口以及碎石带，下方草木掩映者即为端溪。

● 最原始的麻子坑古洞口，1962年重开

● 麻子坑碎石带

麻子坑的海拔高度为300多米，岩壁陡峭，碎石带之碎石也累积较厚，攀爬艰难。

稳居砚坑第二把交椅，其精美者与老坑之精美者可谓不相伯仲，各尽其妙。

端砚砚石一般来说色调越偏蓝调越好，越偏红调越差，如由红转黄，则不可取了。我们说老坑色调为苍灰偏蓝，坑仔岩偏红，麻子坑则整体偏蓝，其中老坑的蓝比较含蓄，麻子坑的蓝则比较外露，这也是麻子坑高于坑仔岩，可比肩老坑的基础。麻子坑除了色调偏蓝以外，其所含石品比之别坑，普遍也比较清澈滋润，并有极佳石眼。麻子坑砚石虽好，但距紫云谷谷底约300多米，攀爬困难，开采不易，且石中多虫蛀，几十厘米的大料，往往取不出一方手掌大小的干净之地，如又要有好的石品点映其中，则更是难上加难。目前端砚市场唯老坑马首是瞻，将一些老的

● **麻子坑洞口**

麻子坑洞口有多个，虽基本通向主脉，但具体坑洞内部所产砚石不尽相同，有的坑洞内部还有积水。

● **麻子坑洞口**

图为麻子坑众多坑口中较新的一个，但也已经停采多年，站在洞口，能强烈地感觉到洞内的阴凉之气。此洞内有积水，所出砚料上乘。

麻子坑标为老坑的现象时有发生，其实现在好麻子坑的存量比坑仔岩少得多，甚至少于老坑，好的麻子坑砚料得之不易，极具收藏潜力。

麻子坑中的麻子点，有人称其鱼仔队青花。这种石品如墨痕点点，具有一定观赏性，其品质又有高下之分。一般来说，麻子点宜小不宜大，宜聚不宜散，宜润不宜枯。一方麻子坑砚石如底子青蓝，麻子点细密滋润，再配以青白鱼脑冻，并以绯红之火捺围绕则可为上品，会有一种娇嫩惊艳、冰澈孤傲的美，这种美自麻子坑问世以来，倾倒多少爱砚之徒！试想，如麻子坑不是开于清代，而是与老坑同时开采，其名声可能未必在老坑之下。

麻子坑有旱坑、水坑的说法，历来

● **麻子坑坑洞内望**

● 麻子坑坑洞内残存的当年采石工具

● 担石下山

采石艰难，运石下山也不容易，所以以前开坑采料时，一般在坑口先将砚石的石皮、顶板、底板等无用的地方去掉，进行简单整形，从而减少运石下山的难度。山上采石者生活艰苦，如有登山者能给他们带些米、肉、菜、油等生活必需品，大多可以随便挑选一两方砚石带下山，但因下山实在不易，有人走到半路就扔掉了。

● 麻子坑"麻子点"

"麻子点"是麻子坑的特色，也是其名称由来的原因之一。图中这方麻子坑砚石质地细润，红蓝相间，且密布青黛色的麻子点，是麻子坑砚石的典型代表。

比较复杂。其实麻子坑并非一个洞口，也不止两三个，而是有很多个。每个坑洞里面又是高低错落，凹凸不平，因石中有泉，于洞内低洼处积水成潭，潭中所出砚石，自然可称水坑，肇庆当地名之"水氹"。也就是说麻子坑的水坑与旱坑不是坑洞的名称，只是对于砚石是否水浸的区别，如果本来石质较差，浸在水里再久也无济于事。所以，和老坑的大西洞、水归洞一样，不要过于执著于是旱坑还是水坑，需具体问题具体分析，关键是品质。

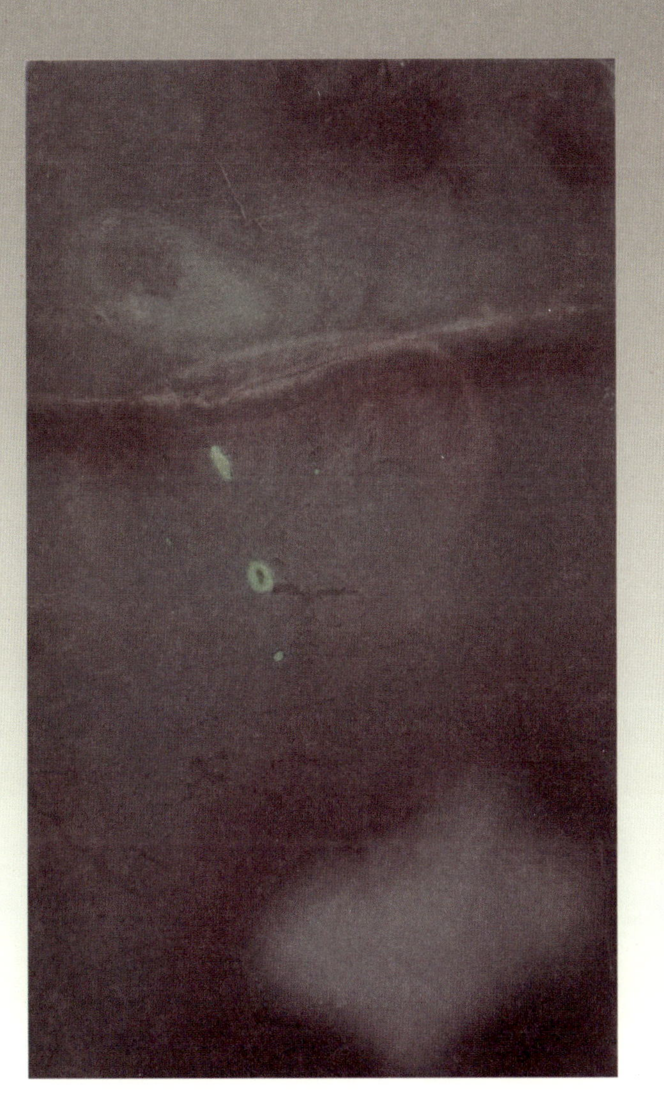

● 一笑斋作品《寒素霜》砚

麻子坑砚石质地紧密，颜色偏蓝，且多优质鱼脑冻，但麻子坑砚石也多裂、多虫蛀，能有巴掌大干净无瑕的面积已属不易。图中这方麻子坑砚石，方正纯净，色调清澈发蓝，整体天青，上下各有一团鱼脑冻，上方鱼脑冻色淡而层次分明，下方鱼脑冻晶莹一团，是鱼脑冻发育成熟的典型代表，鱼脑冻两种形态同处一石，实属难得，此外石上火捺色如胭脂，石眼碧若翡翠，红、绿、蓝、白四色呼应，美艳动人。此砚为麻子坑之精华者，品质不下老坑佳石。

砚侧铭文为："几点早春绿，一片寒素霜。娇娇颜如玉，楚楚影修长。轻抹胭脂晕，浅聚紫玄香。与卿长厮守，书画小轩窗。"

● **程文作品《佛衣藏宝》砚**

麻子坑石眼不如坑仔岩多，但却异常惊艳，图中此砚生大眼数颗，晶莹玲珑，并有清晰黄色环圈，为麻子坑石眼较为突出的特色。

砚背铭文为：“经律论，三法藏，澄心念，发光芒，烦恼渐消，佛袖轻扬。”

冚罗蕉、朝天岩与宣德岩

如果说以老坑为中心，老坑、坑仔岩是一个砚坑系统，那以麻子坑为中心，加上其下方的冚罗蕉、朝天岩与宣德岩则是另一个砚坑系统。前者砚石有一些类似，后者砚石也有一定关系。

● 冚罗蕉、朝天岩、宣德岩与麻子坑分布图

紫云谷内端砚诸坑口，老坑、坑仔岩属于一个体系，以麻子坑为中心的冚罗蕉、朝天岩、宣德岩属于一个体系，我们暂且称之为麻坑体系。图中中间碎石带即为麻子坑的碎石带，碎石带上方就是麻子坑坑口，朝天岩在其右下方，朝天岩下面有宣德岩，朝天岩左右两侧又有冚罗蕉。

● 2006年所见冚罗蕉坑口

● 冚罗

冚罗蕉名称的意思，不懂粤语的朋友也许很难理解。“冚”是广东话发音，意为盖住的意思，冚罗即有盖的竹筐，因冚罗蕉砚石有平行的“蕉纹”，与冚罗的编织纹理相近，故而得名。而“蕉”的意思，则是因为冚罗蕉曾开采过一些砚石，上有长圆形、类似木棉蕉外形的白冻，而且砚石开采像打木棉蕉一样极为不易，所以冚罗蕉以前也叫“打木棉蕉”。

冚罗蕉，又称“打木棉蕉”，坑口位于麻子坑下方不远处，也是开采历史悠久的名坑。其石品丰富，很有观赏性，并有独特的蕉纹，相貌和石质均类似麻子坑，但更加紧密，比重也更高。如此一来，虽可保障发墨的细度，但速度却较慢，从而对其实用性有所影响。因冚罗蕉砚石质地紧密，视觉上比较滋润，很具名坑气象，在古砚中多有以之混同老坑或麻子坑的情况，这一点古砚收藏者应加以注意。

● 罒罗蕉《皇家清趣》砚

罒罗蕉砚石石质细密，也比较滋润，具有一定的观赏性，只是发墨速度稍慢。图中砚石有蕉叶白、青花等石品，质地上乘，其左侧暗红色带状纹理则说明了它出自罒罗蕉。

● **冚罗蕉《雨打芭蕉》砚**（程文作品）

图中此砚蕉纹明显，并有黄龙穿过，是冚罗蕉砚石的典型代表。

● **朝天岩坑口**

朝天岩亦位于麻子坑下方，开采于明朝，因其洞口朝天而得名，所出砚材色彩偏绿，质地较粗，有独特纹理玳瑁斑，一般不作细雕，多制普通学生砚。近来有一种网纹密布、底色黑灰的朝天岩出现，因有些像带冰纹的老坑，有以之冒充的情况，收藏者应加以注意。

● **朝天岩《古色斑斓》砚**

图中此砚，色彩微绿，有清晰玳瑁斑，是朝天岩砚石的典型代表。

● **朝天岩似老坑冰纹样品**

这类朝天岩砚石，石色酱红，并有淤黑斑纹，所谓冰纹比之老坑真正的冰纹生硬板滞，并不难辨认。从制砚角度讲此类朝天岩砚石其实并非制砚佳料，远不如上图《古色斑斓》砚的朝天岩砚石正宗。

宣德岩位于冚罗蕉附近，因开采于明宣德年间而得名，史载其“深紫色，坚细，发墨”，为上等砚料，但至明末清初，已是“搜采已罄，绝不可得”，宣德岩绝产了。近来因市场需求，坊间又有零星宣德岩砚石出现，石质尚可，有平行纹，石眼粉绿。

冚罗蕉、朝天岩、宣德岩三坑均为端砚历史名坑，各有特点，增强了端砚材料的多样性。

● 2006年所见宣德岩坑口

● 新产宣德岩之《云蝠》砚

所见新产宣德岩之上乘者，有坑仔岩的色泽，麻子坑的质感，娇嫩欲滴，可为制砚佳料，而石眼则没什么晕层，多为粉绿，比较好辨认。

白线岩与有冻岩

斧柯山对岸的羚羊山实与斧柯山同为一脉，只是被大江所断而已。羚羊山历来也多有砚石开采，以白线岩与有冻岩为代表。白线岩因其产地附近有小溪曰白线而得名，其矿石分三层：底层色深紫，色调均匀，名红石；中层色彩青红相间，名二格青；上层色青，质优于中下二层，名青石，三层砚石均可制砚。有冻岩与白线岩相邻，因所产砚石多鱼脑冻而得名，坊间又有白线有冻岩之称，或统称白线岩。

目前端砚收藏市场繁荣，对于高档砚材的需求也很大，但三大名坑的材料日渐稀少，价格极高，已严重脱离了

● **白线岩坑口，上有“白线岩”三字。**

● 有冻岩坑口之一

● 有冻岩坑口之二

● 罗卓成作品有冻岩《连年有余》砚

此砚雕琢手法细腻，栩栩如生，砚堂有天青、鱼脑冻，为有冻岩上品砚料雕琢而成。

普通收藏者，渐渐成为少数人的奢侈收藏。这种情况对端砚的发展当然有积极的一面，但从收藏市场的可持续发展角度来看，对其他坑洞的介绍与推广则尤为急迫。在端砚众多坑口中，除了三大名坑，最具潜力的坑口当属白线岩了，原因有三：一、发墨性较好，白线岩整体来说虽不及三大名坑，但较之其他砚种之精华者有过之而无不及。二、观赏性较强，白线岩石品相当丰富，尤其是白线有冻岩砚石具有较强的观赏性。三、存贮量较大，一个坑口要想成为名坑，储量过少，缺乏可持续性是不行的。白线岩的储量整体还是不少的，具备成为名坑的条件。所以从长远发展来说完全可以在三大名坑的基础上加入白线岩，扩大为四大名坑。这对于端砚高档砚材的可持续发展有着重要意义。

● 一笑斋作品有冻岩方板

此砚有天青、鱼脑冻等石品，并有有冻岩砚石明显特征的暗红色条状平行纹。砚侧铭文："羚羊峡畔羚羊山，深藏白线有冻岩。本与端溪同一脉，大江横断两重天。"对有冻岩的地理、石脉进行了说明。

● 程文作品二格青《大鱼》砚

二格青是白线岩砚石的一种，纹理有红色斑点及条纹，佳者也可制砚。

● 一笑斋作品白线岩《女儿红》砚

此砚取材于白线岩，石质紧密滋润，通体青花，且有醉人的胭脂火捺，绯红娇嫩，为白线岩难得的妙品。

斧柯东

斧柯东不是一个具体的坑口，而是一个地理概念，指斧柯山东部地区，范围广大，零散坑口众多，统称斧柯东，因沙浦镇位于其中，又名沙浦石。据说当年苏轼流放岭南，曾亲至斧柯山，攀岭寻石，并在今斧柯东地区得石制砚，时人冠以苏坑或老苏坑等名称。

斧柯东坑口虽多，但大多储量不多，石质比之紫云谷诸名坑又普遍较粗，所以单个坑口难成气候，每个坑口的具体名称也就引不起人们的注意了。斧柯东面貌多样，端砚三大名坑都能在斧柯东里找到相类似者，有的几可乱真，而且斧柯东虽然单个坑口储量不大，但因坑口多，整

● 斧柯东郁郁山岭

斧柯东范围较大，坑口繁多，目前对于其砚石的开采管理极其严格。

体储量却是远远大于其他坑口的。所以，用斧柯东冒充名坑的现象古来有之，且比较普遍，近来坊间出现了一些新名词，什么新坑仔、新麻坑之类，其实均非真坑仔、真麻坑，大多是斧柯东充之。在端砚收藏中，不论是新砚还是古砚，以斧柯东冒充名坑的现象比比皆是，可以说是端砚收藏鉴定的最大雷区。之所以会这样，主要原因有两条：一、斧柯东有极似名坑的砚料，容易冒充。二、很多对端砚不太了解的收藏者，概念中只有老坑、坑仔岩、麻子坑等名坑的概念，见了端石就往名坑上想，甚至连斧柯东都没作为选项之一。其实古往今来，名坑都是珍稀的，斧柯东砚石大量存在，甚至是市场的主流，所以我们在鉴定端石坑口时，除非有明显特征，否则应先排除其是不是斧柯东的可能，再看是哪个名坑。

● **斧柯东之虎尾山**

图中为斧柯东的虎尾山，此山含有多个斧柯东的坑口，是斧柯东主要矿产资源区之一。

● **斧柯东似坑仔者**

图中这件斧柯东无论色彩还是质地均极似坑仔，其实是一种叫“大牛绳”的斧柯东，非常实用，但滋润度比坑仔岩逊之。

斧柯东品质也分三六九等，综合来说大概可分为三类：第一类，面貌类似老坑、坑仔岩、麻子坑者，其中又以类似坑仔岩者居多。此类斧柯东从使用角度来说品质还是不错的，也具有一定观赏性。第二类，色调灰黑或酱红，质燥而粗，虽可发墨，但非良材，目前市场上大量存在，是斧柯东的主体。第三类，有自身特色，并有一定知名度的坑口，其中特色明显、品质上乘的砚料可称端砚奇品，有的甚至是孤品，具有极强的收藏性。此类斧柯东可遇不可求，无论是从端砚研究还是收藏投资角度来看，都具有较高的价值。

● **斧柯东似坑仔之精华者**

图中这件斧柯东通体青花，色调极似坑仔岩，其实是斧柯东的“玉女岩”，也是不错的砚料。

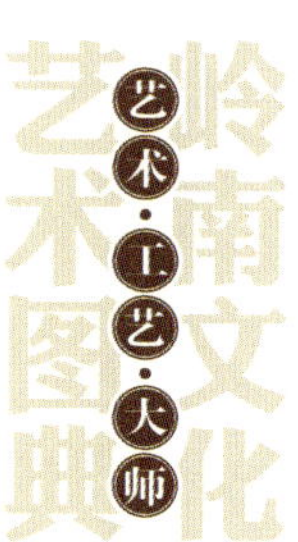

● 斧柯东似老坑之精华者

图中这方砚石，色调青蓝，并有大片青花，还有一些鱼脑冻，极似上品老坑，但石质稍干，其实也是斧柯东。这样品质的在斧柯东里并不多见，石质并不逊于普通的坑仔岩。

● 普通斧柯东

图中是目前存量较大，质地一般，大量充斥市场的斧柯东。这类斧柯东一般色彩黑暗，质地干燥，也没什么石品，适于制作学生砚。

对于第三类斧柯东中比较有名的砚坑，我们在此列举几例：

大西洞，此大西洞非老坑内之大西洞，又称沙浦大西洞，此种砚石品质上乘，佳者质地紧密滋润，有天青、浮云冻等石品，不在坑仔岩之下。而今市面近乎绝迹，可谓只闻其名不见其形，识者更是寥寥。

鸡心英，此种砚石质地紧密滋润，类于冚罗蕉，且有大团层状火捺及流畅的线状纹理，很有特色。目前鸡心英的砚料已经很难见到，价格也并不比名坑低。

青花岩，又称青蛙岩，为斧柯东之较佳者，有多种面貌。其中一种，砚石颜色由红过渡到青，红色部分居多，质地较粗，可做学生砚；青色部分紧密滋润，可视同天青，品质极佳，而且在青色部分还会出现类似星辰的黄点，青黄相应，一片

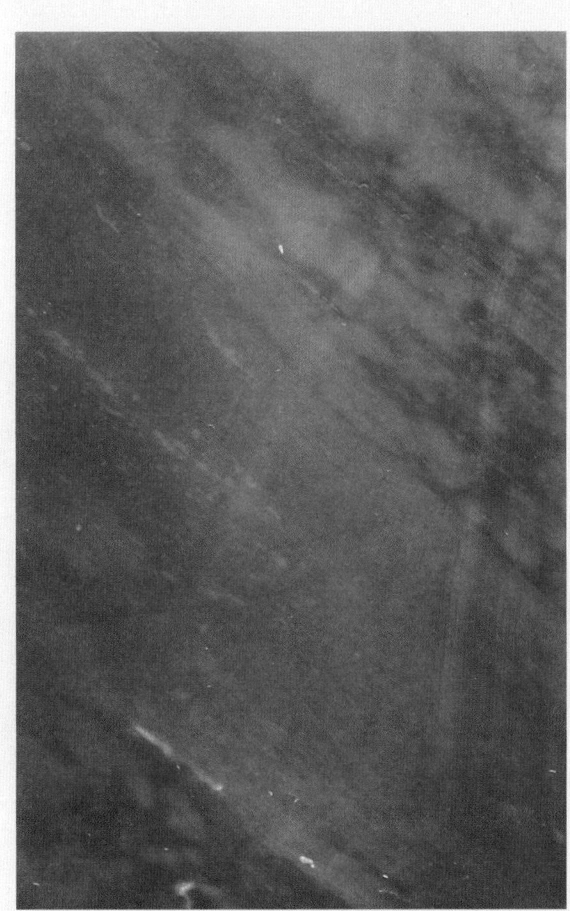

● 一笑斋作品沙浦大西洞《岭上云》砚

图中此砚为沙浦大西洞上品所制，石质滋润，色调偏蓝，有大片浮云冻，可谓斧柯东之上品，端砚中之妙品。侧面铭文为："岭上多白云，望而不可追。苍石空余影，悠然长相随。"

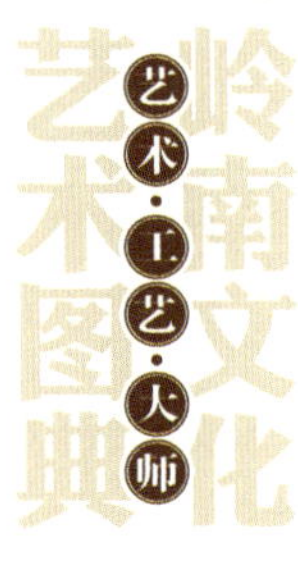

星空景象，实为砚中奇品、妙品。此类砚石储量不多，天青底伴有黄点的佳料则更少，加上当年日本人很喜欢此种材料，曾大量出口，目前留存下来的已是凤毛麟角，极其稀有了。

玉女岩，斧柯东中的一种，以多青花为特色。其粗者青花比较生硬，一眼便可分辨，而亦有细嫩者，颇似老坑极品之蛤肚青花，如见识不够，很容易搞错。

蕉白岩，蕉叶白为端砚上好石品，在三大名坑里均有出现，并以之为贵。斧柯东中有一种坑口，石材多大片蕉叶白，故称“蕉白岩”。此坑砚材整体比较粗，虽有蕉叶白，与三大名坑之蕉叶白对比，蕉白岩的蕉叶白质燥而偏青，所以此类斧柯东虽有特色，但收藏价值不大，作为品种留其一二即可。

斧柯东砚石储量大、品种多，但对其研究与整理一直以来比较薄弱，再加上经常以之充三大名坑，其真实情况更是变得云里雾里。目前端砚原材料日渐紧张，本着以品质论高低的原则及考虑到端砚可持续发展的长远性，对斧柯东的研究与整理已是当前端砚领域的重要课题。

● 程八砚坊作品鸡心英《蚌》砚

图中此砚由斧柯东的鸡心英所制，线状纹理清晰，鸡心英特色明显。

● **一笑斋作品青花岩《望晨星》砚**

图中此砚由斧柯东青花岩上品所制，色调青蓝，石质非常滋润，且有青花岩独特的金星点，望之有大宇深深、星空浩渺之感。砚侧铭文为："天宇静，夜风清，寂寂空山泉水鸣。默问流云何处去，苍石独坐望晨星。"

● **玉女岩《青花池》砚**

图中此砚由斧柯东玉女岩精品所制，色调灰蓝，通体青花，极似老坑，唯石质稍干，亦为斧柯东不可多得的妙品。砚背铭文："何出身，沙浦石。苍而润，青花池。"

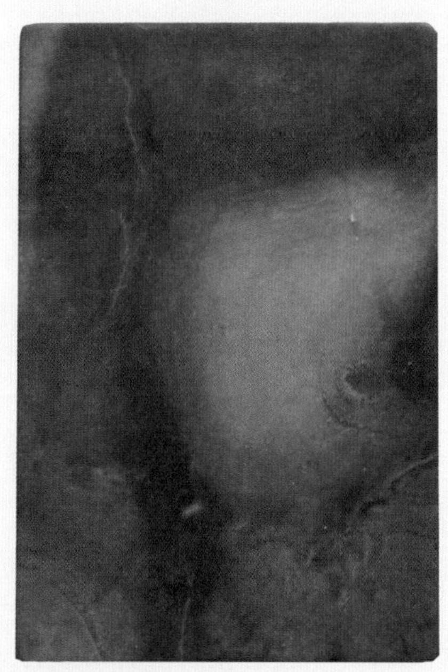

● **蕉白岩砚**

图中砚石有大团蕉叶白，但色调偏青，质地较干，是典型的斧柯东蕉白岩。

宋坑

宋坑和斧柯东一样，非指具体某个坑口，而是北岭山及蕉园两地若干个坑口的统称，因始采于宋代，故而得名，其中有陈坑、伍坑、盘古坑、将军坑等具体坑口。蕉园所产宋坑称为蕉园宋坑，也有多个品种。

平时经常会有人问："最实用的端砚是哪种？"所谓

陈坑远眺

陈坑为北岭山宋坑一种。

● **蕉园有眼宋坑洞口之一**

蕉园是宋坑重要的出产地，并有多个品种，有眼宋坑为其一种。

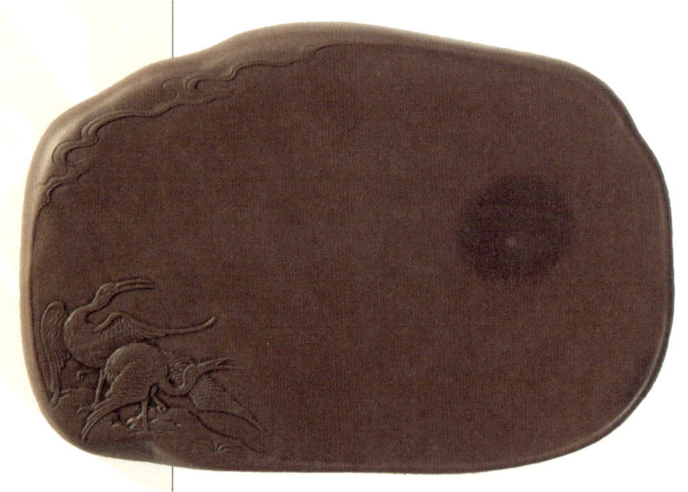

● **宋坑一片红砚**（拿云楼藏）

宋坑一片红是宋坑里比较优秀的品种，图中此砚石色饱和，并有一团圆润的火捺，有一定观赏性，是宋坑一片红里的上乘砚料。

实用无外乎既便宜，下墨又快，发墨质量也过得去，依此标准则非宋坑莫属。宋坑相对质粗，有的还有因石英矿物显色而形成的金星，发墨速度比之端砚其他坑口砚石普遍要快，又因砚材储量大，价格一般也不高，历来为实用砚首选。虽然平时开玩笑时常将宋坑唤作“送坑”，即送人的坑，但我们也不能将宋坑一棍子全打死，其间也有质地滋润、火捺如胭脂、美观且实用的佳品。

宋坑基本色调为猪肝色，但因坑口众多，花色品种也很丰富，有的颇具观赏性，其中比较有特色的有以下几种：

一片红，为宋坑较滋润者，因色调红润，故而得名。

● **宋坑黑面神**

宋坑黑面神基色黄绿，有成片或团状暗黑色铁捺。图中砚料充分体现了宋坑黑面神的特点。

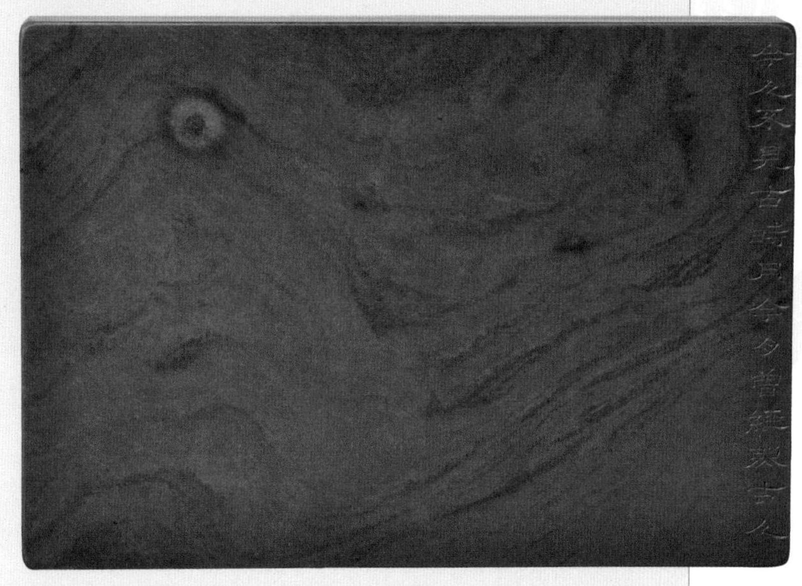

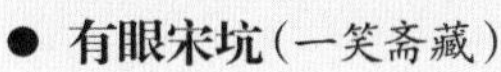

● **有眼宋坑**（一笑斋藏）

有眼宋坑是蕉园宋坑的一种。宋坑石眼大多品质不佳，收藏价值不大。图中此砚为有眼宋坑，石眼外形饱满，色泽青绿，含蓄中不失灵秀，是有眼宋坑中的上品，较为难得。

● 彩带宋坑纹理图样

● 虎皮宋坑纹理图样

虎皮宋坑，产于蕉园，色灰绿，侧材有条带状纹路，正材貌似虎皮，因而得名。

有眼宋坑，产于蕉园一带，质地较粗，佳眼难得。

彩带宋坑，有条状彩带纹，石质较为滋润，为宋坑上品，佳者亦不多见。

黑面神，基色青灰，有大片深黑铁捺，有特色但不实用，是虎皮宋坑的一种类型。

在蕉园宋坑里有一种宋坑虽无具体名号，但值得一提，此类宋坑基调偏黄，有大团火捺蒸腾其上，有如旭日之东升，伴以彩霞般的条状马尾火捺，很有观赏性，其滋润者，亦可收藏。

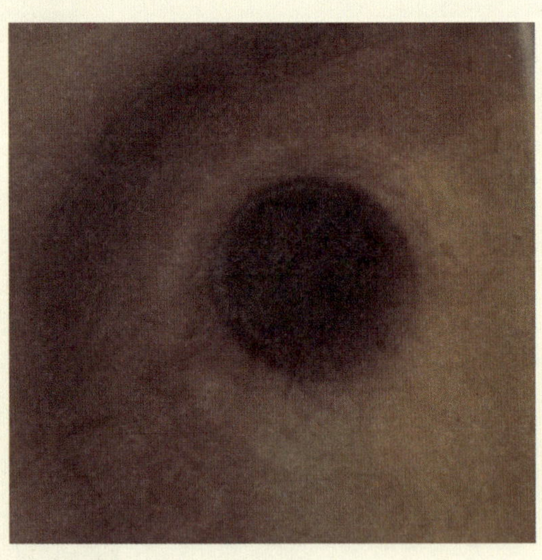

● 蕉园宋坑大团的圆形火捺

● **蕉园宋坑**（一笑斋藏）

宋坑品种繁多，花色丰富。图中宋坑砚石，体形硕大，纹理悠然变幻，色彩红黄相间，如彩霞飞舞，似云气蒸腾，极具观赏性。

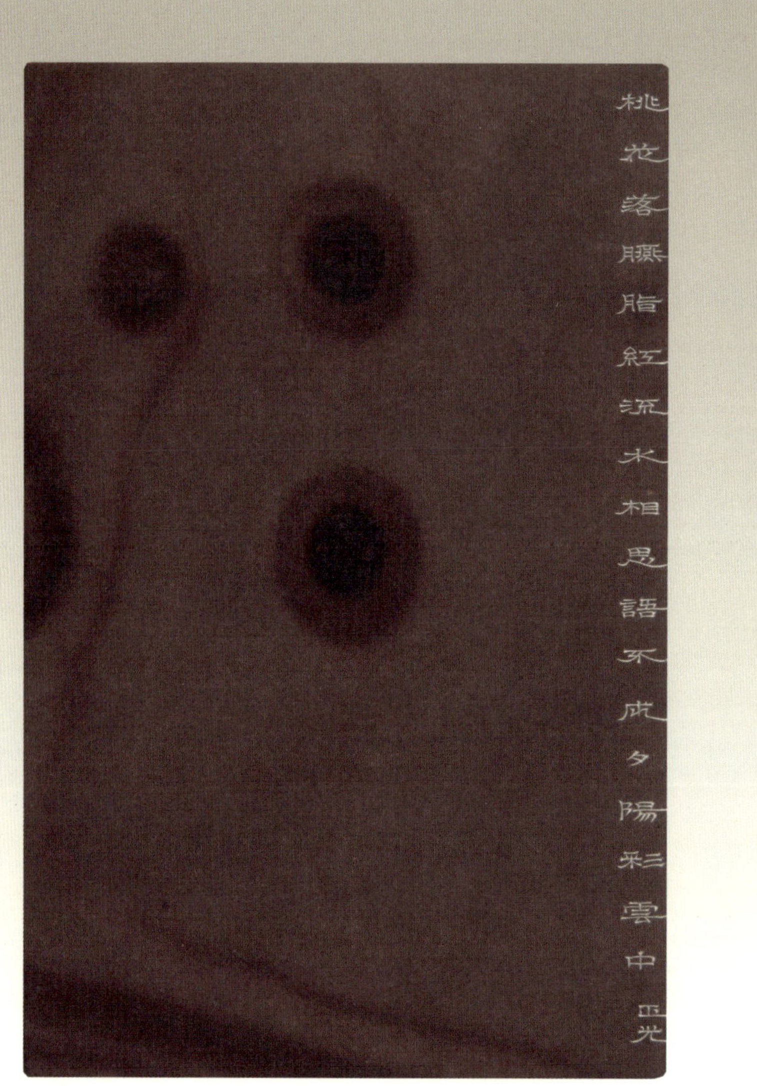

● **《桃花落》砚**（拿云楼藏）

此砚石质滋润，有大小如铜钱的金钱火捺，滋润美观，为宋坑妙品。砚边铭文为：“桃花落，胭脂红，流水相思语不成，夕阳彩云中。”

梅花坑

梅花坑最晚开采于宋代，和斧柯东及宋坑一样，也非特指某个坑口，而是若干个坑的统称。梅花坑与斧柯东和宋坑不同之处在于其没有一个相对集中的地域范围，而是比较分散，在肇庆范围内，凡具有梅花坑特点的砚石均可称之为梅花坑。梅花坑主要特点是石眼较多，远望之有如梅花点点，并因而得名，也有人认为梅花坑因远望如梅花鹿身上斑纹而得名，不管是像梅花还是像梅花鹿斑纹，都说明梅花坑以眼多为特点。梅花坑虽分布较散，但

● 典水梅花坑坑口

典水梅花坑因产于典水村而得名。图中白圈处就是典水梅花坑产地，其中可见坑口下方的碎石带。

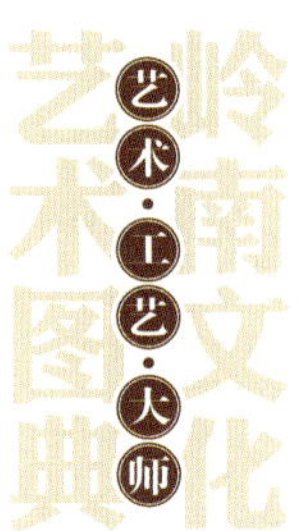

● 梅花坑《麒麟呈瑞》砚（星湖春晓砚斋藏）

● **梅花坑多眼端砚**

梅花坑以多眼著称，虽石质较粗，但因目前追眼的风气流行，有一定体积且石眼较多的梅花坑，价格也很昂贵，并大有市场。图中这方梅花坑云纹砚，石眼繁多，有一定陈设及观赏性，价格可在10万元人民币以上。

大体有两个主要区域：一是出产宋坑的北岭及蕉园，其中蕉园所产梅花坑可称蕉园梅花坑；一是斧柯山东端，产于典水村的典水梅花坑。

石眼是端砚的一大特点，也是其一大卖点，梅花坑因其石眼多，观赏性强，往往价格高于宋坑或普通的斧柯东。梅花坑的石眼色彩变化丰富，绿、黄、白三色比较多见，大小差

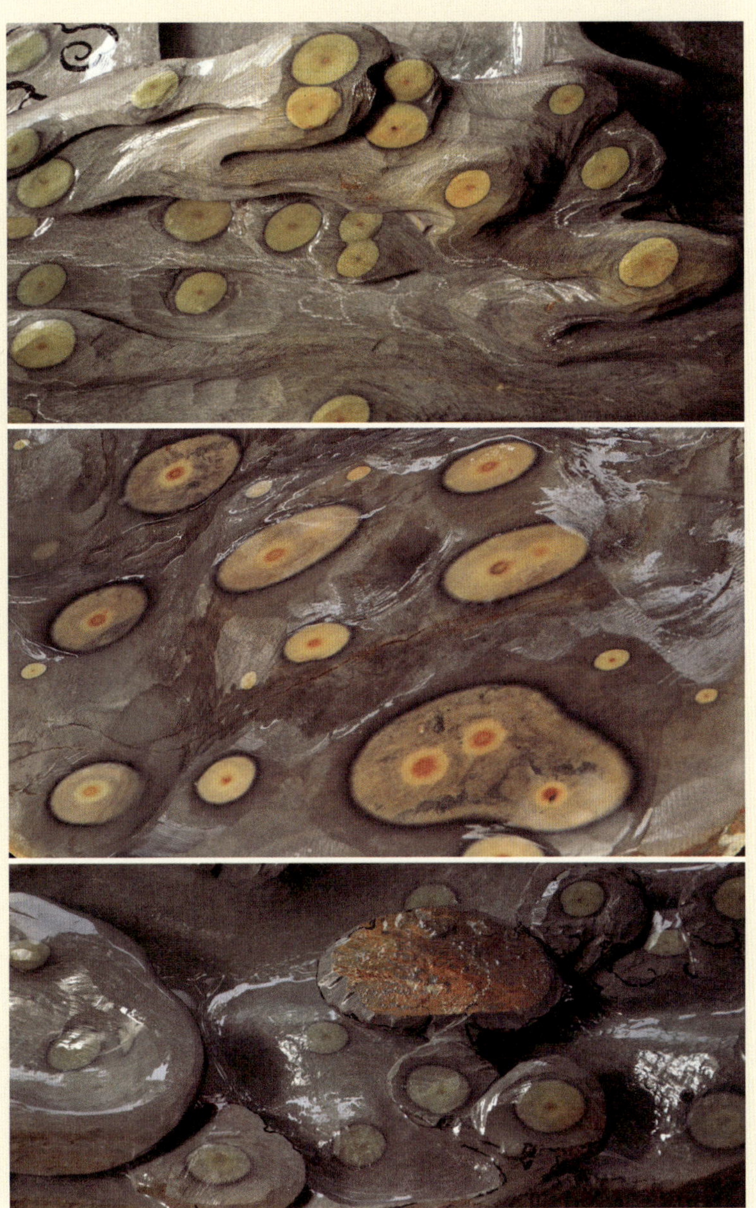

● **梅花坑的各色石眼**

梅花坑石眼的形态比较多样，大小也差别较大，有的大眼如鸭蛋般大小，可称巨眼。

● 典水梅花坑砚石三层分布

典水梅花坑砚石结构分为三层，上层石色偏黄，石眼较小，品质较差；中层石色偏紫，石眼青绿，石质也比较滋润，可以制砚；下层石色青灰，有大团绿色青玉冻，也就是坊间所叫的“有冻岩”。

● 梅花坑的青玉冻

别较大，外形则以椭圆形居多，而且几十个甚至上百个集体出现也并非稀奇。梅花坑的石质类似宋坑，虽然相对于三大名坑要粗糙一些，但下墨较快，比较实用，并有称之杉木纹的线状纹理，有一定特色。目前含石眼的三大名坑端砚价格已高入云端，非普通消费者可承受，从美观实用、端砚特色明显的角度来说，梅花坑是个不错的选择。

梅花坑里有一类石头，生有大团青绿色似冻非冻的石品，并有黑晕包裹，有人称之青玉冻，坊间也有人称其为有冻岩，实则为梅花坑。羚羊山上的真正有冻岩因在白线岩附近，反而被白线岩统称了。

绿端

绿端为端砚别品，是对肇庆境内所产绿色砚石的统称，因产地不同，主要分为：朝天岩绿端、小湘绿端、沙浦绿端、北岭绿端四类。

朝天岩绿端，产于紫云谷麻子坑下方朝天岩内，为朝天岩下层岩石，质地细腻，是绿端中最上品者，有“天下第一绿端”之称，其绿色偏淡，如遇纯净者，温润清朗，赏心悦目，添端砚一抹清凉气。而今朝天岩绿端已经绝产，精品难得，为绿端收藏首选。

● **小湘绿端的石肉与石皮**

图中所见上方较小的绿端，石肉青绿，石皮金黄，两者界线清晰。下方较大的绿端石肉黄绿，石皮金黄，两者界线不清晰。可见绿端的色彩介于黄、绿两色之间，也有很多变化，整体来说，以色彩明朗干净饱和者为上品。

● **朝天岩下溪流**

朝天岩绿端产于紫云谷，出身高贵，品质上乘，是绿端里的佳品，具有一定收藏价值。图为朝天岩山体下紫云谷内溪流，以前有朝天岩绿端散落其中，可以入水捡拾，而今已是难得一见了。

● **天下第一绿端**

图中此石立于朝天岩山下溪流对面。不知何时由何人所立，上面赫然写着：“天下第一绿端。”此绿端今已被偷凿至所剩无几。

● **朝天岩绿端《小家碧玉》砚**（一笑斋藏）

此砚取材朝天岩绿端，质地细腻，色彩朗润，且是难得正材（何为正材，请参见本书端砚石品与石质一节），小巧可爱。侧面铭文为：“一方清凉地，小家碧玉池。几点竹尖露，写我女儿诗。”

● 小湘绿端坑口

小湘绿端，产于北岭山西南的小湘峡，为板岩，结构紧密，有锋芒，质粗者似宋坑，质细者可比坑仔，均发墨，易研磨，为制砚良材。相对于朝天岩绿端而言，小湘绿端的绿色偏于浓郁，比较沉稳，其细嫩精纯者，颜色绿中有黄，唤作绿豆青，乃是精品。目前小湘绿端的石料已禁止开采，砚料枯竭，坊间也不多见，达到绿豆青级别的小湘绿端更是一砚难求。

● 小湘绿端碎石带

● 小湘绿端采石

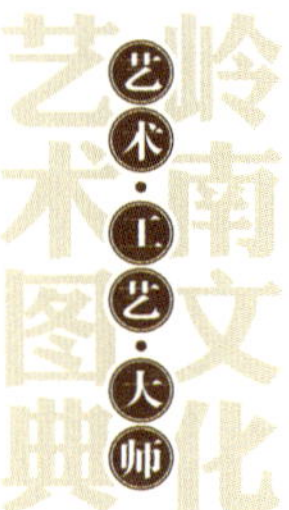

● 程八制小湘绿端《一段青》砚（一笑斋藏）

此砚是在一块体积较大的小湘绿端里精挑细选，大胆裁切出来的纯净石肉，色彩沉稳淡雅，石质有一定滋润度，是小湘绿端精品。砚背铭文："小湘一段青，翠烟案上横。与可惜未见，我自画秋风。"（与可，是宋代画竹大家文同的字）

● 沙浦绿端石带

● 沙浦绿端

以前在白石村和沙浦镇的田间村头经常看见如图中这样堆放着的大块绿端，基本是沙浦绿端，因价格不高又体大笨重，很少有人盗取，目前随着端砚价格上涨，如此堆放的绿端也越来越少见了。

沙浦绿端储量较大，与北岭绿端二者多为页岩，乃紫色类砚石之皮层，无锋芒，不易发墨，不太适合制砚，多用来制作笔洗或茶盘一类的日用器具或作纯装饰用的石雕摆件。

● 绿端妙品《桂花糕》砚（一笑斋藏）

此砚石为沙浦绿端，质地均匀，上有黄色小点，名之《桂花糕》，题刻铭文："翠枝点点黄，盘中淡淡香，遥望中天月，酒送八月霜。"于侧，别致有趣，不失为端砚妙品。

● **黄端**（一笑斋藏）

图中砚石是绿端石肉里色彩完全变黄的“黄端”，出自小湘绿端，较为难得。

绿端石肉的色彩以绿色为基调，由深绿向黄绿过渡，偶有绿色完全演化为黄色的部分，可称“黄端”，为绿端另类别品。绿端皮层呈现黄、橙、红等色彩变化，其中如黄色皮层较厚，有人也称之“黄端”，并以奇特别致而索要高价，严格上来说，都不能作为砚材。

● **绿端巧色《缶砚》砚**（拿云楼藏）

绿端石皮颜色比较丰富。图中此砚，由一方带皮的小湘绿端所制，巧妙而有古意。

绿端皮层的色彩变化，如运用得当，可作巧色雕刻，别有一番风味。沙浦绿端及北岭绿端有的皮层发黄处有褐色山水纹，又叫木纹石，因纹理有一定观赏性，多做观赏石陈列。

● **被木纹石包裹的沙浦绿端**

● 木纹石摆件《老子观井》

● 坑仔绿端

此绿端色彩淡黄微绿，质地较粗，其产地却极为特殊，采于坑仔岩洞内，虽称绿端，但属偶然现象，是比较难得的绿端标本。

白端

在端砚大家庭里，白端可能算是最有性格的了，其产地就很不合群，不在斧柯山、羚羊山、北岭山三大砚坑集中地，而是孤零零地处于七星岩风景区内。端砚砚料虽然花色繁多，但基本都在紫、绿两大色系内，唯独白端与众不同，以白取胜，独步砚林。白端的石质也属另类，除略硬于其他端石外，还比较脆，雕刻时很容易滑刀或蹦刀，

● 七星岩玉屏岩岩顶的白石

● 出产优质白端的七星岩景区玉屏岩之叮咚井

较难制作。

白端有两类，分别是粉白端与晶白端。晶白端结构粗，有晶体颗粒，极难雕刻，为白端下品，不足取。粉白端质地则极其细腻，以前有用之磨成女人化妆用的粉底，称为端州干粉，可见其细度非同一般。粉白端为白端正品，以产于七星岩景区玉屏岩上叮咚井的白端品质最好。

白端质脆而多裂，且有黄色、红色格线，如想切出一块手掌大小，没有裂又没有格还比较纯净的白端，不是件容易的事。如果还能质地细腻，色彩纯净，手感温润，凝如羊脂，则更不易得，可称珍品，价值不低于精美老坑。对白端价值的认可乃是近年来的事，从前因白端不易磨墨，偶制小砚，又多研磨朱砂等矿物颜料，所以人们对其不大重视。近年随着砚的实用功能逐渐被观赏把玩功能所替代，白端细嫩且独特的外貌，自然引起了人们的注意，渐受追捧，价格一度不逊三大名坑。目前普通白端有所降温，而精品白端依旧不比精品老坑身价低，且更为稀有。因为近来白端受人追捧，好的白端又实在难求，坊间便出现以一种白色的花岗石冒充白端的情况，此类“白端”一般无裂，也有黄格，颜色均匀，但晶体明显，硬度较高，本是一种装饰材料，毫无收藏价值。

● **程八白端作品《冰清》砚**（一笑斋藏）

白端质硬理滑，不易雕刻，此砚所用白端晶莹油润，如糕似玉，为粉白端之难得精华者。程八大师以挑战自我的心态将其制作成工艺难度很高的古琴样式，造型严谨，雕刻精微，实为当代制砚工艺的杰出代表。

● 《玉筐》砚（拿云楼藏）

此砚所用白端温和醇厚，有羊脂感，也是粉白端之难得佳料。砚为藤筐形，工艺难度极大，实属难得。

● 假白端

图中即为目前所出现的假白端，虽颜色洁白，却为浮白，不似白端含蓄温和、手感滑顺，也无白端的滋润感。

其他坑口

端砚坑口除本书前面所列较为出名，且分布比较有系统的一些坑口外，还有一些地理位置或面貌结构相对独立的坑口，在此选其代表者简要说明。

古塔岩，开采历史悠久，位于紫云谷内坑仔岩之南，屏风背附近，石色以暗红为基调，有石眼，石质略粗于坑仔岩，属实用类砚石，目前市面已经很少见到。

● **古塔岩**

蒲田石，产于今肇庆市西部小湘峡附近的小湘镇，因青花石品多见，又称蒲田青花。此坑砚石品质不错，石品也相当丰富，很像坑仔岩上品，故经常以之冒充，无形中使其真实身份反而变得云里雾里，蒲田石之名也变得鲜为人知了。平心而论，蒲田石除石质稍干，颜色稍暗以外，是很具备名坑气象的，今日也已绝产，不容易见到。

● **蒲田石**

● **石皮金黄、石色暗瘀的桃溪石**

● **金利宋坑**

此类砚石因生有漂亮石眼，石质也比较滋润，具有一定升值空间。

桃溪石，为羚羊峡出峡口附近桃溪出产的砚石，间有佳者，类似坑仔，又有桃溪坑之称。目前因材料紧张，以桃溪石制作的砚台在市场上也越来越多。

金利宋坑，是近年在斧柯山东端南侧之金利镇禄村新村附近山上发现的一种新砚石，颜色质地很像宋坑，唯锋芒不足，发墨略逊之，但却生有俏丽明艳石眼，很有观赏性，有人又称之为有眼宋坑。

流坑石，在肇庆境内斧柯山、北岭山等山林溪流中散落的大大小小的石头，大多不能作为制砚材料，但石色花纹千奇百怪，可制作茶盘、茶几面、鱼缸等。

● **流坑石**

图中此砚为一天然流坑石所作，趣味奇拙，颇得天趣砚之意味，是当代广东省工艺美术大师陈洪新先生随意而为的小品。

端砚石品

石品这一概念源自端砚，指砚石上美观且与发墨有一定关系的花色纹理，对端砚价值有直接影响。如果说坑口好比一方端砚的出身，决定其价值档次；石质好比一方端砚的身体素质，决定其价值在同一档次的高下；而石品则好比一方端砚个体的仪态相貌与聪明才智，决定其价值的发展空间。我们在现实中要对一方端砚材料进行评估，也是按以上三部曲，即先定坑口，再看质地，最后品评石品，三者关系紧密，相互依存。比如有鱼脑冻的老坑比有鱼脑冻的坑仔岩要贵得多，而有鱼脑冻的坑仔又可比普通老坑，且“鱼脑冻”本身品质的不同，也严重影响着砚石的价值。

了解端砚的石品，建立正确认识，是了解端砚的必备内容，也是正确合理评价端砚价值的基本前提。

名品、普品与石病

端砚砚石在形成过程中，因矿物组织的不同及地质运动的变化，产生了很多花色纹理。这些花色纹理中无碍于发墨且不影响砚材结构稳定及视觉审美的称之石品，反之则属于石病。石品中有助发墨或美观独特的又可称名品，包括天青、青花、鱼脑冻、蕉叶白、冰纹、石眼六大类，合称端砚六大名品。冰纹、石眼是以美观独特入选名品，天青、青花、鱼脑冻、蕉叶白四者则是以有助发墨兼具观赏性双重标准入选，为六大名品的核心名品。其中天青和鱼脑冻两者一青一白，分别代表端砚石品两个高端坐标，即所谓“非青即白”，青者石之“髓”也，白者石之“膏”也，为端石精华之所在。紫色是端砚的整体基调，而偏青或有白才是好端石的特征。如果由偏青发展到偏蓝，则不是名坑，也是上品。古往今来凡具有六大名品的砚石比之同样坑口、同等品质，但没有六大名品的砚石要贵重很多。

在六大名品之外，端砚砚石上还有很多和发墨关系不大，也没有独特观赏性的花色纹理，其中有的常见并不稀有，如火捺、翡翠等；有的少见但不名贵，如鹧鸪斑、朱砂斑等，我们可称之为普品。一般来说普品多之不多，少之不少，如出现位置不当，无胜于有。但如运用巧妙，也可增加砚的趣味性。

因为端砚石品对端砚价格有直接的影响，加之端砚

● **端砚石品的景观，《如日中天》砚**（一笑斋藏）

图中此砚取材于端石坑仔岩，质地细润纯净，尺寸较大。砚面有大片天青，上有荡荡浮云冻，本身就是端砚石品天青浮云冻的名贵组合，更加难得的是在砚面正中的上方有圆润胭脂火捺一枚，天青、浮云、火捺三者明确突出，位置得当，天生一幅如日中天的壮丽景象，可谓端砚神品。

“诸砚之首”的地位，近来石品这一概念有些泛滥，主要体现在两方面，一在端砚自身，一在端砚之外。端砚自身体现为不管是否美观，是否有助发墨，凡是有点花纹看，就往名品里面靠，借机抬高砚价，甚至将砚石上的石皮断筋、瑕疵石病也统统称之石品，极大混淆了端砚石品的概念，损害了端砚的形象。在端砚之外，有些砚种为标榜身价，生搬硬套端砚石品的概念，对自身砚石的花色或瑕疵也称之石品，并和价格挂钩。石品的概念已混同于石纹，甚至石病了。

端砚不同石品在端砚许多坑口中均有出现，严格来说，没有哪一种石品是某个坑口所独有的，将某个石品作为判定某个坑口的唯一依据是不严谨的。比如金线，有人将其称之为老坑的身份证，其实坑仔岩、麻子坑、白线岩、斧柯东、朝天岩、宣德岩等都有金

● **端砚石品的象形，《白云马》砚**（拿云楼藏）

图中此砚取材于端石坑仔岩，有天青、浮云冻、玫瑰紫等名贵石品，并隐现大片青花，本身就是端砚难得上品，更为巧妙的是砚上浮云冻隐隐现白马回首之姿，一枚漂亮的玫瑰紫有如白马的眼睛，右上方还有小眼一颗，碧绿清莹，有如皓月于空，极大地拉伸了视觉空间，使人不免想起："长乘白云马，时策翰林鞭"的诗句，可谓端砚奇品。

线。又比如冰纹，虽主要出现在老坑中，但麻子坑里也偶有发现。另外端砚石品之名品也不只出于端砚之名坑，比如白线有冻岩就以多天青、鱼脑冻闻名，而斧柯东里石品则更是丰富。对于这类"三大名坑"之外石品丰富、品质又好的端砚砚石，我们当引起相当重视，所谓"草莽亦有英雄在，莫以出身论短长"。

目前端砚收藏存在一种盲目追求石品的现象，甚至有人认为，砚石只要有四五种以上石品，就具备精品资格了，于是乎，拿着放大镜在砚石上地毯式寻找石品的现象也就不足为奇了。石品可以增加砚石的观赏性，但如果似是而非或含糊不清，观赏性又不强，甚至凌乱琐碎则还不如一片纯净美观可取。所以，端砚石品不应一味求多，而应以所含石品是否美观，是否有利于发墨为评判标准。

● **端砚石品的巧做，《相思梦》砚**（梁满雄作品）

图中此砚是端砚石品巧做的典范之作。此砚取材于白线岩，有蕉叶白等石品，广东省工艺美术大师梁满雄先生利用砚石上的一枚椭圆形的火捺展开巧思，雕荷叶轻摇，琢鸳鸯隐身，使人看后已不觉得所雕是鸟，而是一闺中女子，眼圈红润，颔首斜卧，寄相思于秋荷晚风间。试想一下，如将砚上火捺换成明亮石眼，砚石的价值是高了，但韵致大减，更谈不上打动人心了。

石品与石质

我们在评估一方端砚材料的价值时，应先定坑口，再看质地，最后品评石品，三者关系紧密，相互依存。判定坑口虽然有一定难度，但终归还是有最终答案的，而且只有一个答案，没有什么好含糊的。石品也是一目了然，有几种，数得清楚，石品的品质也比较明显。而砚石的质地，相对来说则不如坑口和石品问题引人注目。其实，砚石的质地对于坑口及石品问题可谓承上启下，对砚石的整体品质起着决定性的作用。同一坑口的砚石质地可谓天差地别。同一石品在质地上乘的砚石上出现，品质一般差不到哪里去；在质地较差的砚石上出现，品质一般也好不到哪里去。所以评判一方砚石质地的高下是评判其石品高下的前提。

要对端砚砚石的质地有所了解，先需要搞清楚两个硬性问题，即砚石顶板、石肉、底板之分及砚石正材、侧材的区别。

端石矿体结构，有顶板、石肉、底板之分。顶板、底板石质比石肉粗糙，花色诡异，正规制砚一般需要将之切去不用。石肉为砚石可用之材，又可细分为顶肉与正肉。顶肉石质不及正肉，虽有石品，但往往比正肉石品要枯燥一些。顶肉可以制砚，如果以“三大名坑”较为纯净的顶肉制砚，相对于其他坑口来说，也是比较高档的实用砚。正肉为紧靠底板的部分，为端石之精华所在。三大名坑的正

● **坑仔岩顶板、顶肉、正肉、底板示意图**

图中坑仔岩砚料体型巨大，整体长度在80厘米以上，下方为大片底板，不可制砚。在石肉部分，大致以上方一条较细的翡翠带为界，上部为顶肉和顶板，下部才是真正的石肉。顶板一般也不用来制砚，顶肉如质地纯净可以制砚，但难以列入收藏范围。砚石的正肉部分虽有名贵的天青浮云冻，但瑕疵也多，真正具备制作精品砚的石肉只有所画黑框内的部分。

● **老坑底板及石肉示意图**

图中老坑砚料有大团鱼脑冻，十分难得，其下部颜色浑浊处是底板。目前端砚价格上涨，老坑更是价格昂贵，片石难求，一些老坑的底板石也价格不低，其实毫无收藏价值，根本无法和麻子坑、坑仔岩等名坑的正肉相比。

● **麻子坑底板及石肉示意图**

图中麻子坑砚料有大团天青鱼脑冻，非常罕见。砚面中下部有一条清晰的分界线，上部为石肉，下部为底板。麻子坑底板与石肉的分界线比其他坑口一般要清晰一些。此砚料底板中还有颗石眼，石眼在石肉与底板或顶板中均有出现，以生于石肉的为贵。

肉一般来说宽不过一掌，最多也不会超过两掌，品质差别较大，并有石病等问题存在。往往端砚砚石石质越好，顶板、石肉、底板的分界越明显；石质越差，分界越模糊，甚至分不清顶板、石肉和底板。砚以大为贵其实是要看石肉有多大，正肉有多精，并不是简单地看个头。目前，砚的观赏性逐渐提高，大砚、超级大砚层出不穷，其实大多不是石肉，或者石肉部分小到可忽略不计。这种东西如果不列入“砚”的范围，纯粹当做石雕摆件来看，可另当别论；但如果称之为“砚”，未免是歪门邪道，哗众取宠。

端砚砚石一般是板岩和页岩，又以页岩居多。板岩好比年糕，正侧材不明显。页岩好比千层糕，以正

● 坑仔岩底板及石肉示意图

图中坑仔岩砚料有天青、浮云冻、玫瑰紫等石品，是坑仔岩上品，其上部纹理混杂处为底板。一般来说，端石的动人石品大都生在紧挨底板的地方，这一现象在三大名坑以外的坑口中也普遍存在。

面为砚堂称为正材，以侧面做砚堂称为侧材。侧材一般来说看上去比正材细滑，但磨墨却发墨慢且容易打滑，是不规矩的开料方法，收藏家一般不取。除了磨墨体会，我们鉴别正材与侧材还可从三方面来分别：一看“眼”，二看“皮”，三看“纹”。端砚的石眼呈扁圆飞碟状，正材切开，一般外形较圆，侧材切开则肯定是长圆的“凤眼”。端石石皮，一般为黄色，生于砚石侧边，如将大片石皮作为砚堂正面，十之八九是侧材。我们说过，页岩好比千层糕，侧面自然可以看见层状结构，砚面如果层状纹理明显，则极有可能是侧材。

评价一方砚石质地如何，在确定出自名坑，生有名品，又是正材正肉的情况下，就要看其具体品质了，应以沉稳饱和、细腻滋润为标准，如能视之稳重深邃，抚之细润如玉，则为上品。

● **外形呈长圆形的侧材石眼**

● **侧材石皮及石眼**

图中砚料石眼呈长圆形，并有石皮，是典型的侧材。

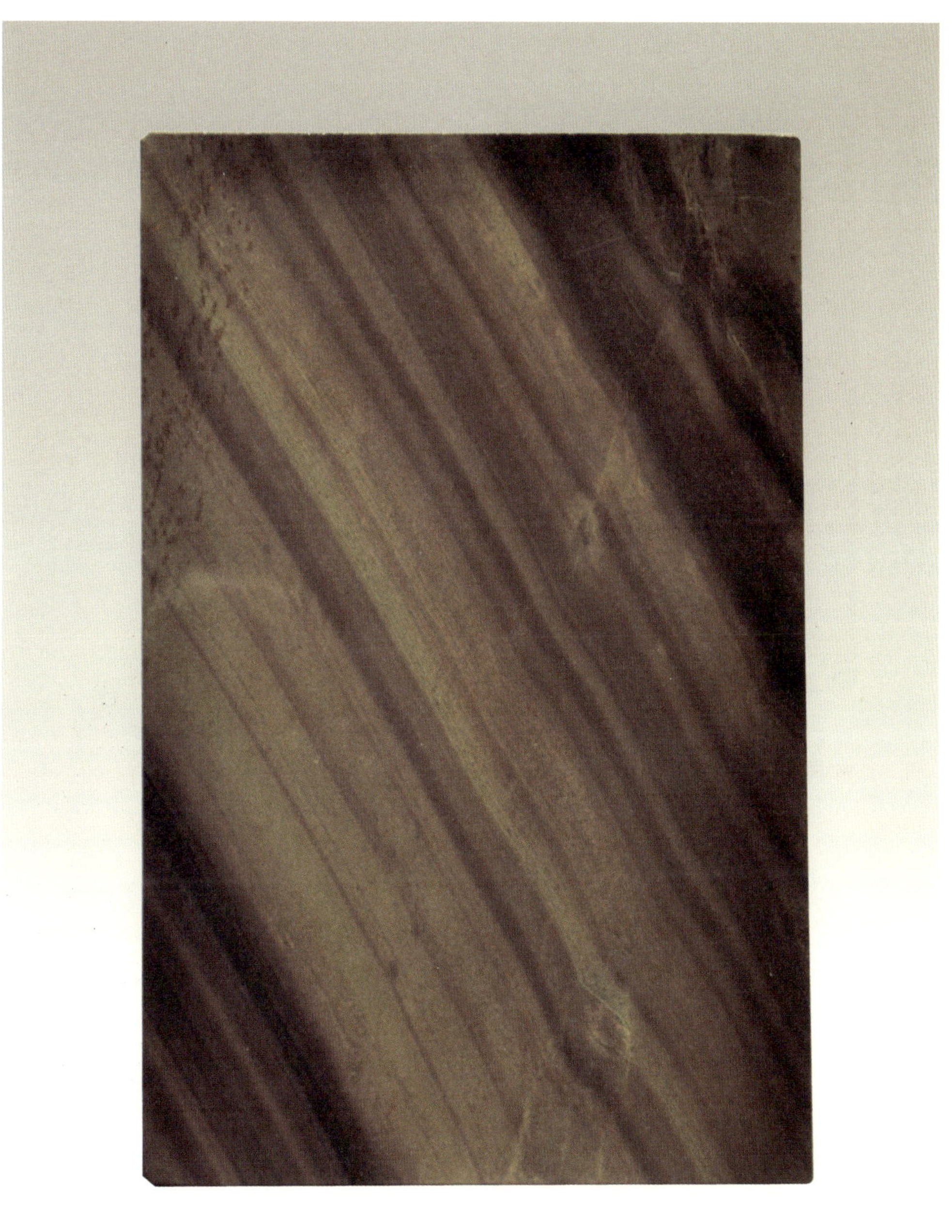

● 侧材砚料的层状纹理

● **侧材砚**

图中端砚取材于坑仔岩，正面砚边保留石皮，虽有自然之趣，但终为侧材，非收藏佳选。

● **侧材砚**

图中端砚取材于端石坑仔岩，也是侧材砚。这种层状纹理不明显，又没有石眼的侧材砚，如将石皮全部磨去，非行家里手是很难辨认的。

天青

端砚别称“紫玉”、“紫石”，紫色为其基本色调，如能由紫偏蓝，且滋润深沉者俗称天青，也叫宝蓝。所谓天青者取“如秋雨乍晴，蔚蓝无际”之意，实端石精气之凝结处也。天青一般呈片状或团状出现，周围伴有绯红之火捺，两者青红相映，娇嫩欲滴，魅力不输和田羊脂玉，可比翡翠帝王绿，而且更多了一份含蓄与端庄。有天青的端砚，不是名坑也是上品，如是名坑，乃是精品。天青的滋润度到达一定级别，色彩青蓝沉着、聚而成团者可称天青冻，为天青之最精华者。

天青朗朗

● **老坑天青**

图中此砚取材于老坑。上方砚池有典型的老坑天青，滋润沉着，蔚蓝深邃；下方砚池天青上有浮云冻，且青花密集，秀润欲滴，是难得的老坑佳料。

天青之内，常有其他石品伴随，与之相映成趣，而且天青上的石品往往要滋润一些，所以在品定端砚石品高低时，有一个“天青底”的概念，即石品是否出现在天青上。从收藏意义上说，如只有天青，也可列为精品，比石品虽多但没有天青底衬托的端石要高级。有些藏家甚至有“没有天青底，有什么石品都没用”的说法，虽然有些极端，但却道出了“天青”的重要性，所以“天青”当属端砚石品之第一名品。

● **坑仔岩天青鱼脑小砚《灵霄气象》**

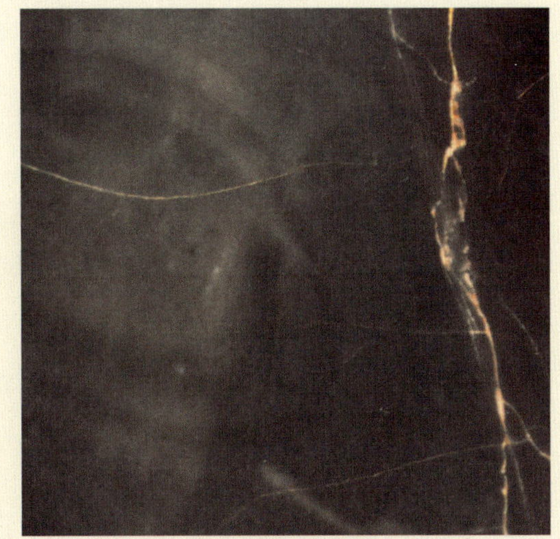

● 老坑天青鱼脑冻

图中老坑砚材几乎一整块天青，上有大团鱼脑冻，层层荡开，如深潭微澜，似黛玉凝霜。

● 坑仔岩天青浮云冻

图中坑仔岩砚材有蔚蓝天青，其上大片浮云冻飘过，为坑仔岩精华之凝结者。

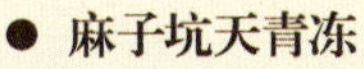

● 麻子坑天青冻

图中麻子坑砚材天青与鱼脑冻你中有我，我中有你，凝结若脂，已属于天青冻范围。

● 麻子坑天青冻中冻样品，程文作品《逍遥游》砚

图中此砚天青透底，鱼脑冻层层荡开，冻中有冻，青、白柔和又彼此分明，是端砚中难得一见的天青冻中冻。视之有北冥之气，上方有翡翠一点，状如小鱼，不免让人联想起庄子的《逍遥游》。砚背铭文为："骑鲲游四海，跨鹤去九霄。放怀千万里，销魂花飞早。明月前生友，白云作故交。山水随心意，笔墨任逍遥。"

青花

青花是砚石与地下热源接触变质的产物，由微粒赤铁矿等矿物的细小斑点形成，形态大小不一，色青而沉，隐隐不易见，极具观赏性，更有助于发墨，历来为端砚最受重视的石品之一。青花往往同天青、鱼脑冻、蕉叶白三大名品共生，为三者增色不少。一般来说，如果在天青、鱼脑冻、蕉叶白中又有细微的青花点映，则是天青、鱼脑冻、蕉叶白之上品。

青花因各种原因，有大有小，有聚有散，形态品质也不一样。从品质上说，则欲细不欲粗，欲活不欲枯，欲沉不欲露，以“如细尘掩明镜”为上。对于青花的形态，古人有所区分，并取了很多形象的名称，为我们品评端砚青花提供了一定的依据，主要有以下几种。

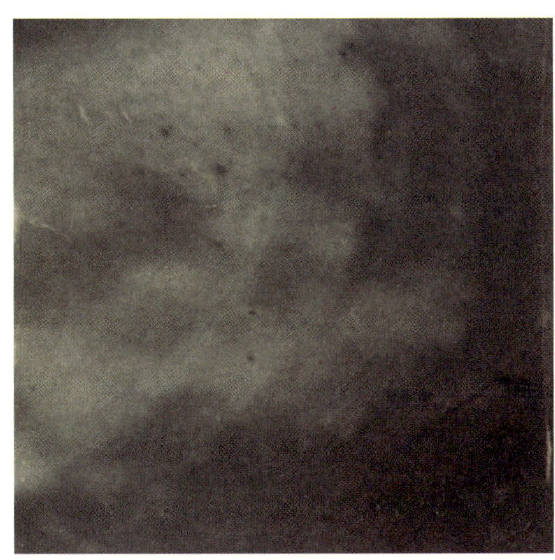

● 老坑微尘青花

微尘青花，因微细如尘而得名，需于清水中映日视之，方显行踪，多隐身于天青、鱼脑冻、蕉叶白三者之内，为青花之最上品。

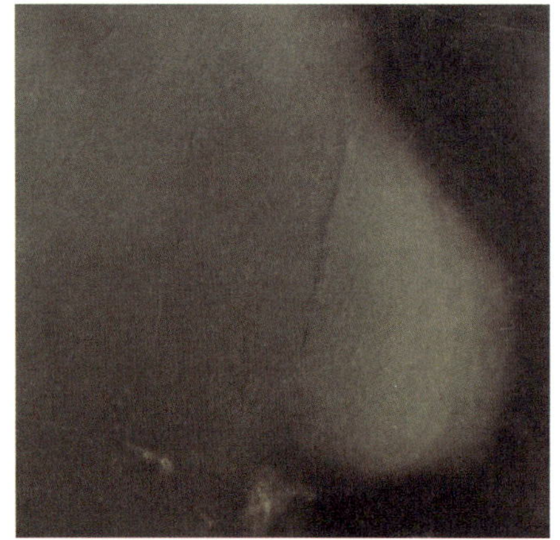

● 坑仔岩鹅毛氄青花

● 坑仔岩雨淋墙青花

● 麻子坑鱼仔队青花

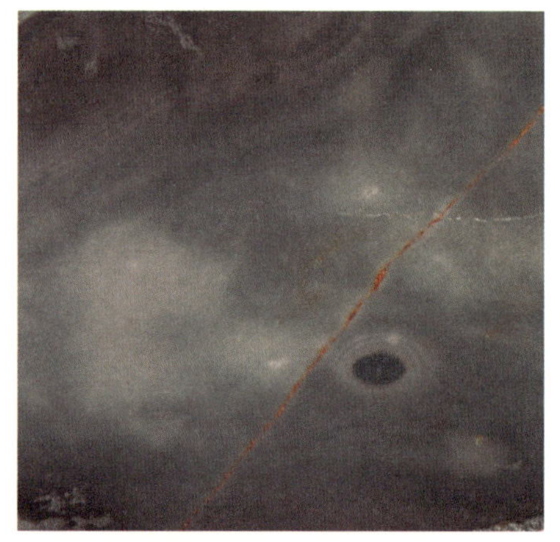

● 老坑玫瑰紫青花

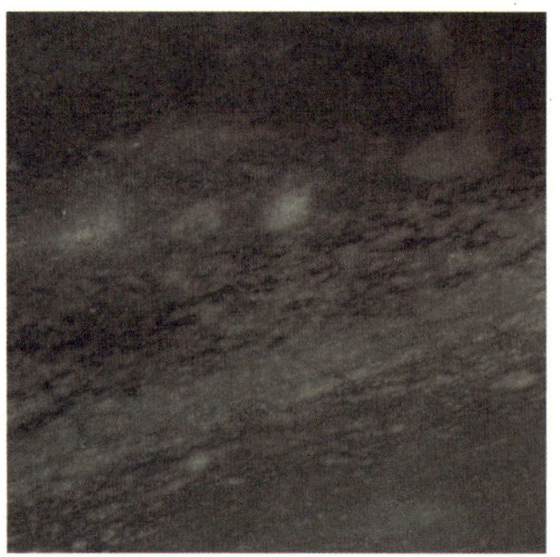

● 斧柯东冬瓜瓤青花

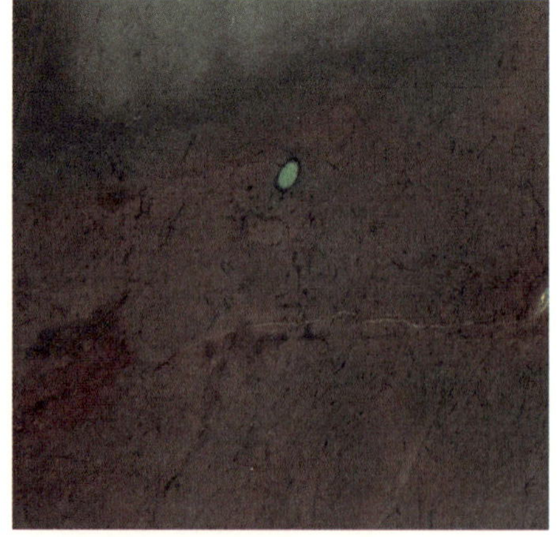

● 麻子坑蚁脚青花

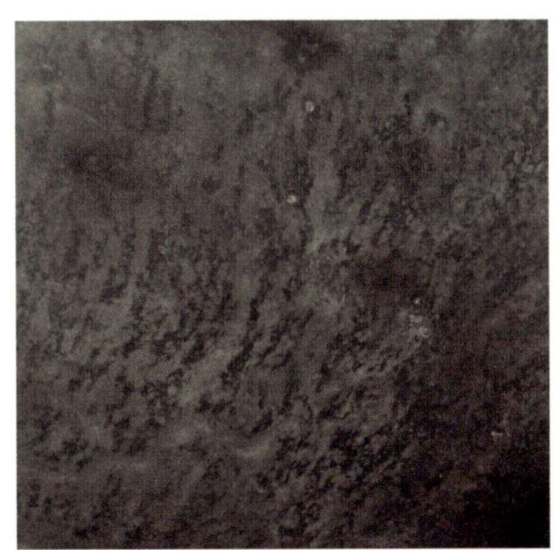

● 斧柯东蛤肚皮青花

● 老坑青花结

● 坑仔岩鹅毛氄青花和雨淋墙青花共生

鹅毛氄青花，因似雏鹅身上贴近皮肤处细而软的绒毛而得名，俗称起氄，细腻柔和，方向统一，如出现于天青之上，则极其娇嫩，为青花罕见上品。

雨淋墙青花，如雨打粉墙留下的痕迹，青花点细长，方向统一，极富动感，很有观赏性，如大片出现，可称青花妙品。

鱼仔队青花，此类青花相对于雨淋墙青花来说，青花点较短，且有大有小，如小鱼苗，因方向统一，如小鱼结队秩序而游故而得名。

玫瑰紫青花，亦为青花妙品，其青花与胭脂火捺相伴随，呈团状，层层分晕，如玫瑰花之平切面，很是美观，在青花中体形最大，或一枚，或几枚，或成片出现，坑仔岩较多见。老坑中玫瑰紫青花也偶有出现，品质一般也优于坑仔之玫瑰紫青花，极不易得。

冬瓜瓤青花，指青花与白色碎冻相伴随，望之如切开的冬瓜瓤而得名，一般成片出现，极为少见，为青花罕见妙品。

蚁脚青花，顾名思义因青花点如蚂蚁爬过留下的脚印而得名，青花点一般排列比较散漫，疏密自然，多出现于麻子坑。

蛤肚皮青花，此类青花的青花点比较大，有如青蛙肚皮而得名。一般成片出现，有粗有细，多生佳眼。

端砚的青花除以上名目，还有“青花结”的概念。所谓“青花结”是指细嫩之青花凝结如团状，如水上浮萍，灵动清透，极其罕见。

青花形态多样，有时单独出现，有时亦会几种同时出现，呈现无穷变化，万千气象，叫人百看不厌，越看越有内容，不禁会感叹自然创造之奇妙。

● 《碧云天》砚

图中此砚取材于端溪坑仔岩，体大方正，三分之二的面积为天青，天青中布满鹅毛氄青花，间有微尘青花、玫瑰紫青花等多种青花形态，可谓集青花之大成，堪称神品。此类砚石在端石里属于实用发墨之佼佼者，为收藏首选。

鱼脑冻与蕉叶白

如前所说，端砚之精华处，非青即白。青者天青也，而白者，透润者称鱼脑冻，不透润者称蕉叶白。故鱼脑冻与蕉叶白类型一样，品质不同而已，两者相较，鱼脑冻为上，蕉叶白次之。

冻，石之膏也，为砚石精气凝结处，也是砚石内含绢云母与水云母比较多的透镜体，一般偏白色，且以干净透润为上，以枯燥发黄为下，在端砚中主要有四种形态：一、冻成团状，层层晕开，状如煮熟的鱼脑，称之鱼脑冻，为冻

● **鱼脑冻**

图中老坑小料，有一完整的鱼脑冻浸泡于天青之中，真如煮熟的鱼脑一般。

● **麻子坑鱼脑冻中冻**

图中麻子坑砚料砚堂中有碗口大小的优质鱼脑冻，而且冻中有冻，可为鱼脑冻中冻的代表，非常难得，异常珍贵。

● **老坑鱼脑冻中冻**

图中老坑砚料色调偏蓝，右上方有鱼脑冻一团，白嫩如脂，凝结通透，而且冻中还有一冻，轮廓分明，层次明朗，为难得一见的老坑鱼脑冻中冻，堪称端砚珍品。

中上品。二、冻不成团而成片，外形变幻，如天畔之浮云，极有画意，名之浮云冻。三、冻不成团也不成片，而是打散成点，称之碎冻或碎米冻、米碎冻，如能较为均匀分布，也是难得精品。四、冻的凝结度不够，颜色较淡且层层晕开，近人称之为荡，取湖水轻荡之意。荡是冻生长发育不成熟的一种表现，比之前三种，略逊一筹。

● **天青浮云**

● **坑仔岩浮云冻**

图中砚料出自坑仔岩，通体天青，上有大片浮云冻，青白分明，大有乾坤朗朗之感。

老坑碎米冻

图中老坑砚石通体蛤肚皮青花，上有柔和碎米冻分布，色调灰蓝，为老坑精品。

● **荡**

图中此砚为老坑砚石所制，砚面泛白，有隐隐的环状纹理，属于荡的范围。

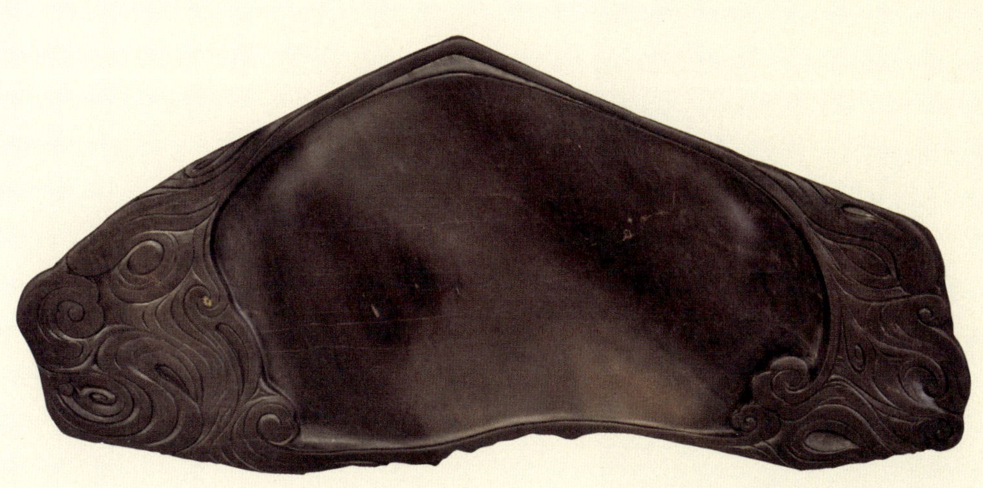

● **白线有冻岩**

白线有冻岩以多鱼脑冻著称，且多大冻，精者白嫩，大多比三大名坑的鱼脑冻偏黄，质地稍干。图中此砚为白线有冻岩砚石所制，较有代表性。

以上四种状态在三大名坑出现的概率也不一样，老坑四者均有出现，坑仔岩浮云冻较多，麻子坑则团状鱼脑冻较多，且品质上乘。三大名坑之外，白线有冻岩以冻多而著称，但普遍偏黄，品质不及三大名坑；冚罗蕉及斧柯东诸砚坑中，也有各种形态的冻出现，有的品质也很好。

● **冚罗蕉碎米冻**

冚罗蕉有碎米冻，而且品质相当不错，惜存量不多，佳者少见。

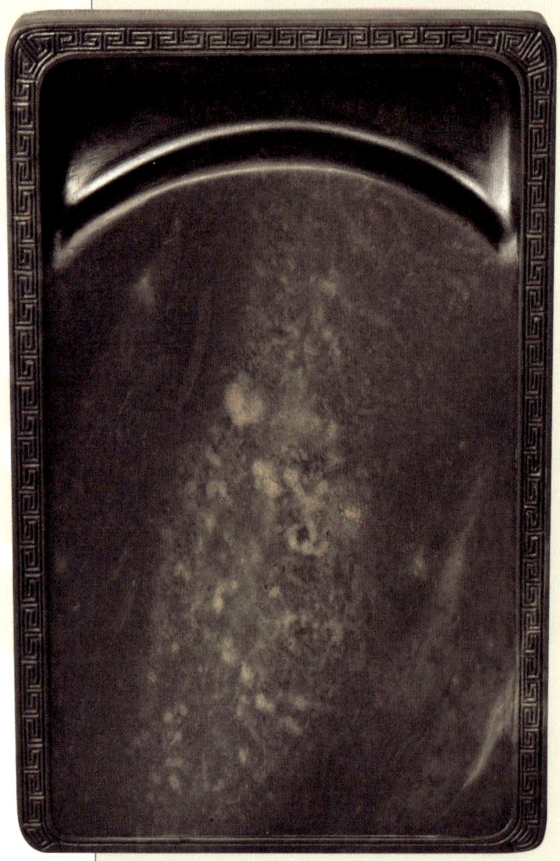

● **斧柯东碎米冻**

图中此砚为斧柯东砚石所制，砚堂有大片碎米冻，横视宛若银河系，景观奇特，不失为收藏妙品。

● **蕉叶初展**

蕉叶初展，白嫩微黄，端砚石品蕉叶白借喻得名。

蕉叶白与冻不同，一般成片出现，视之如蕉叶初展，因而得名。如果说鱼脑冻贵乎透润，蕉叶白则贵乎白嫩，干枯发黄则为下品。在蕉叶白中时有青花出现。青花又呈现微尘青花、鹅毛氄青花等形态，可谓青白相映，刚柔相济，乃端砚上品。蕉叶白在很多坑口都有出现，如前所述，在斧柯东里还有一种因多蕉叶白而冠名的蕉白岩，但品质一般。在蒲田石里也常有大片蕉叶白与青花相伴随出现，虽有佳者，但普遍蕉叶白偏青，青花不润，与三大名坑的蕉叶白还是有一定距离。在三大名坑中，蕉叶白主要出现在老坑和坑仔岩中，其中又以坑仔岩居多。与冻的第四种形态一样，蕉叶白也有色彩偏淡、若隐若现的情况，是蕉叶白生长发育不够成熟的表现，一般不含青花，对于这类情况，目前端砚行业一般简称为白，不及白嫩明艳的正宗蕉叶白。

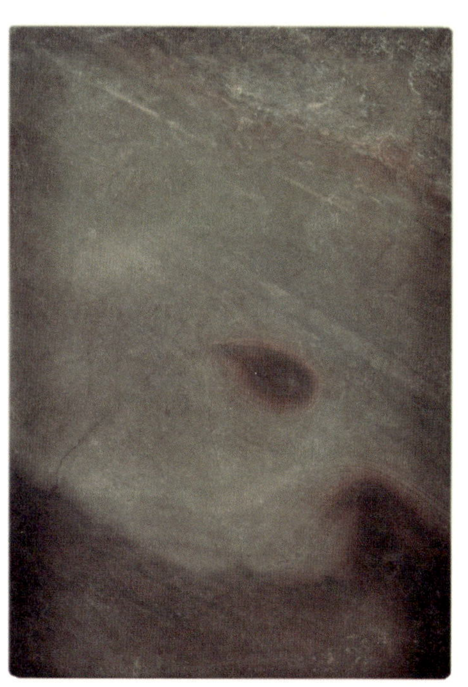

● **坑仔岩蕉叶白青花**

图中坑仔岩砚石有大片娇嫩蕉叶白，并有青花密布其中，为端砚上品。

● **老坑蕉叶白**

图中老坑砚石有大片蕉叶白，外有青花伴随。难得之处在于此石四面石皮，浑然天成，为一完整独石，异常珍贵。

冰纹与冰纹冻

冰纹是砚石形成过程中产生细微裂线，在高温高压环境下，水云母发生绢云母化，填塞裂线，形成雾状线纹，如冰河乍破，有宋瓷开片的美感，因而得名。如冰纹成片出现，纹路两侧雾状晕纹相互交映，则会产生飞流直下或雾隐长河的效果，习惯上称之冰纹冻。

对于冰纹及冰纹冻古砚里较少见到，20世纪七八十年代重开老坑后，出现了一批，并有大料，因当时国内消费力还不行，大量流入日本及台湾市场，目前国内已很难看到，加之近来老坑渐贵，冰纹备受推崇，价格已高不可攀。其实冰纹及冰纹冻位列六大名品，除了出身好，还要

● 老坑冰纹冻

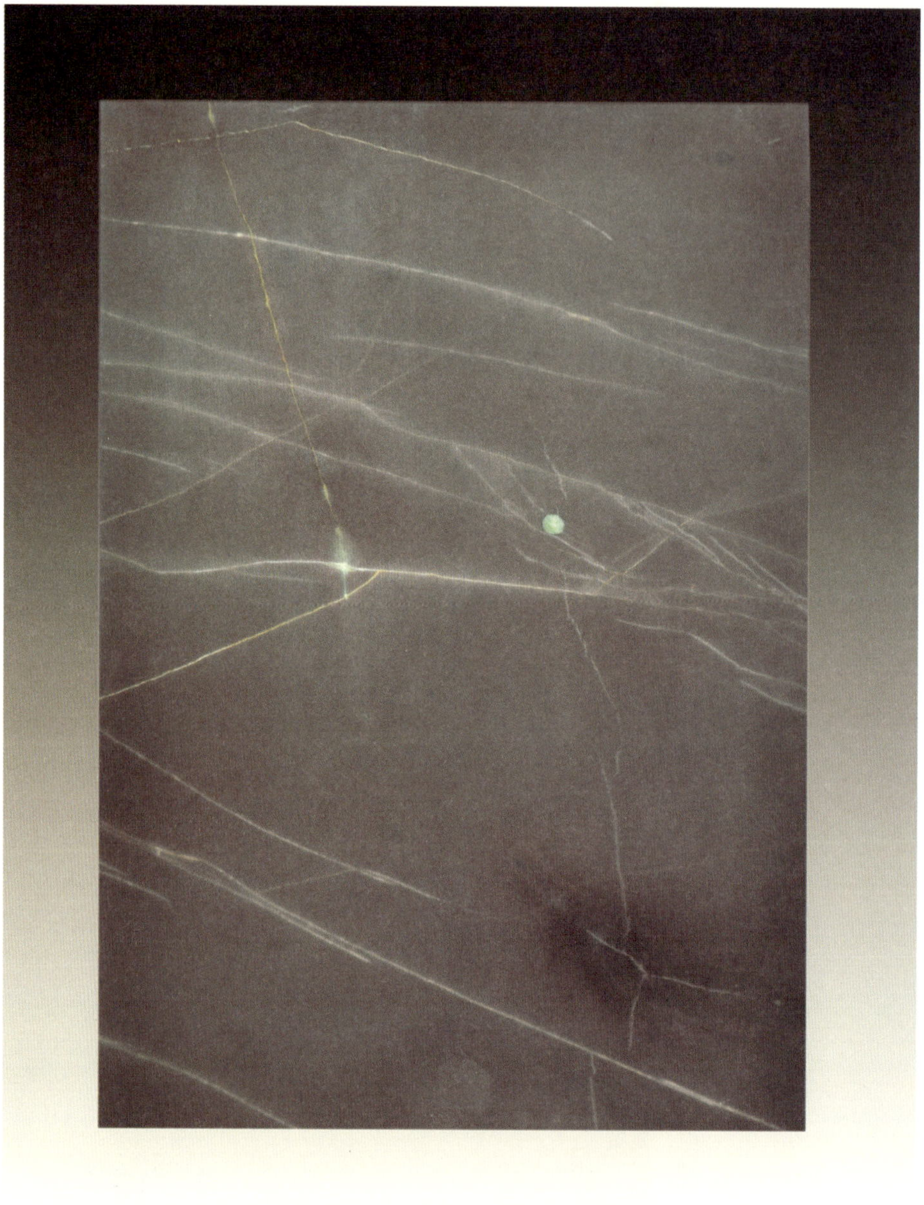

● **老坑冰纹，《春风起》砚**（一笑斋藏）

此砚由端砚老坑砚材裁切而成，规整挺拔，纯净微蓝，并有清晰疏朗的冰纹环绕，温文尔雅，有宋瓷之美，上生翡翠一点，提神点睛，为端砚妙品。

● **老坑冰纹鱼脑，《下山泉》砚**（拿云楼藏）

此砚石色青蓝，冰纹明显，右上方有鱼脑冻半团，望之如冰河乍破，似山泉飞流。背面铭文："清泉生幽谷，辗转几徘徊。奔流出万壑，荡荡去东海。泽及草与木，横波大山开。兰舟依芳渚，知是明月来。"

靠其独特的审美打动人。如被其那种朦胧破碎的美所打动，将其列为第一，无可厚非，但如喜欢纯净明艳的美，则天青冻及鱼脑冻要高其一筹。

端砚老坑中会出现一种白色的石英线，往往称之牙胶线或简称牙线，有粗有细，硬度较高，为砚石瑕疵，应尽量回避。牙线与冰纹在外观上其实很容易区分，牙线死白生硬，冰纹柔和有雾状晕纹。因冰纹名贵，目前有以牙线冒充冰纹的情况，初级收藏者当加以注意。

● 老坑冰纹

● 老坑石英线

石眼

石眼与发墨无直接关系，因其一目了然，观赏性强，宋代时对之虽有褒有贬，但一直是最引人关注的石品，亦是端砚最有特色的石品。

石眼是因地质原因形成的与眼结构相类似的斑点。其形状为扁圆或扁椭圆碟形体，亦有纯圆。石眼分为睛、体、晕三部分。睛又叫眼心，一般为褐铁矿，多为黑色，石眼有睛者贵于无睛者。体为石眼主体部分，色彩以黄、绿、白为主，有层层色圈。晕指眼体外的黑色晕圈，是眼体吸

● **坑仔岩《云龙》砚**

此砚有大眼九颗，其佳者圆整饱满，层次分明，色泽明朗，且分布错落有致，十分难得。

引大量赤铁矿微尘而成，故离眼体越远颜色越淡。石眼并非端砚独有，我国其他砚种也有生长石眼的情况，比如四川的苴却砚、河南的方城砚均有石眼，但石眼的多样性和观赏性以及砚石本身的发墨性均无法与端砚相比，故一提到石眼，人们大都还是先想起端砚。

端砚的石眼面貌多样，古人根据颜色和形态，起了很多形象生动的名字，比如鸲鹆眼、鹦鹉眼、鸡翁眼、象牙眼等等，名目繁多，不一而足。虽然石眼样貌多样，但还是有较为统一的评价标准的，具体有以下几点：第一，石眼越大越好。一般来说烟头大小的石眼比较常见，也有小如绿豆者，若能大如一角硬币，已属难得。第二，石眼越有神越好。要想有神则需眼的睛、体、晕三部分层次分明，色彩明朗。对此又可将石眼分为活眼、病眼、泪眼、死眼。活眼指眼心清晰，砚体朗润，炯炯有神；病眼指眼心模糊，晕层不清，眼神恍惚，有疲乏病态；泪眼指眼形已破，如含泪欲滴；死眼指不见眼心，有眼无珠。第三，石眼眼体色环越多越好，色环丰富可增强石眼的观赏性，达到五层以上就很不错了，如能有十层以上，已属难得。第四，石眼的色泽质感以绿如葱为佳，以灰黄为下，诸坑皆如是，如石眼生得色泽白嫩，则称“象牙眼”，也是上品。

端砚石眼面貌有不同，品质有高下，

● **苴却石《明月夜》砚**

此砚砚石为产于四川攀枝花的苴却石，石质纯净，石眼青白而有睛，虽眼体色环不及端砚佳眼丰富，但也有一定的观赏性。

● 老坑石眼

老坑石眼稀少，有石眼的老坑异常名贵。老坑的石眼大多为椭圆形，正圆的极少见，色彩则多为碧绿，亦偶有牙白色。

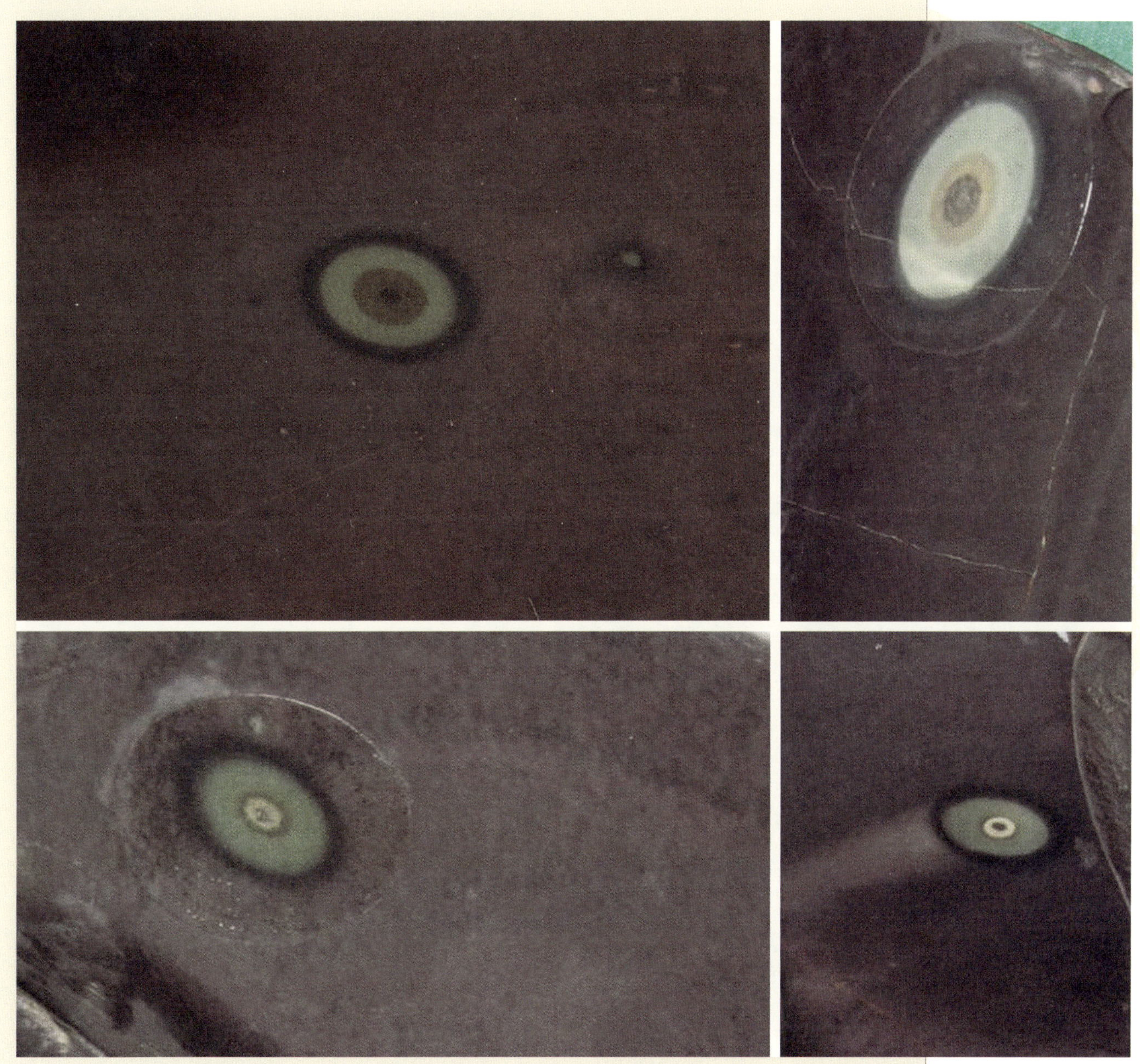

● 坑仔岩石眼

坑仔岩石眼较多，外形多为正圆，颜色以黄绿为主，佳眼色环丰富，美丽动人。

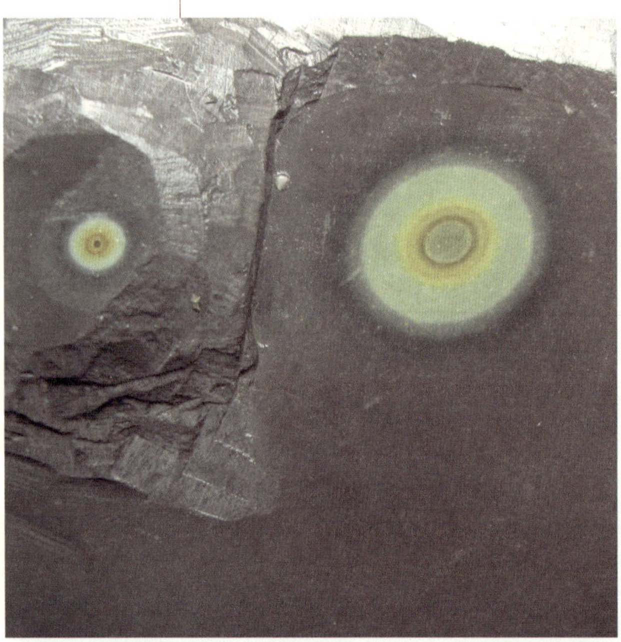

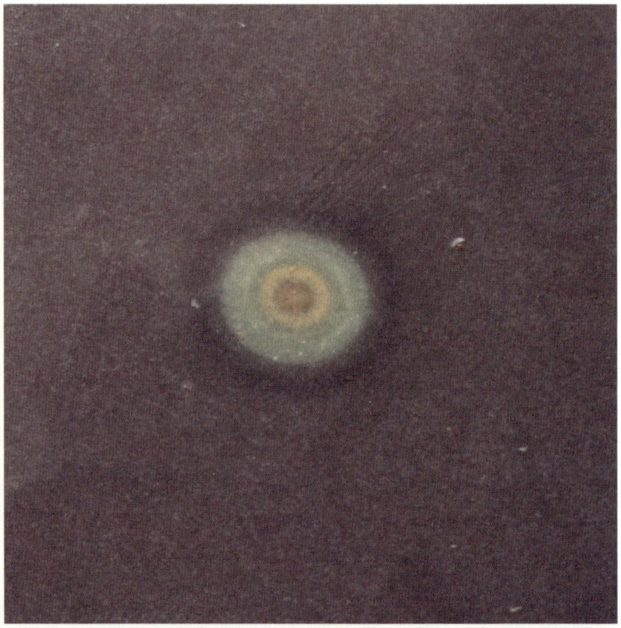

● 麻子坑石眼

麻子坑石眼多为椭圆形，清晰明朗，佳眼油润碧绿，极有灵气。图中左方的黄眼也是麻子坑石眼的一种形式。

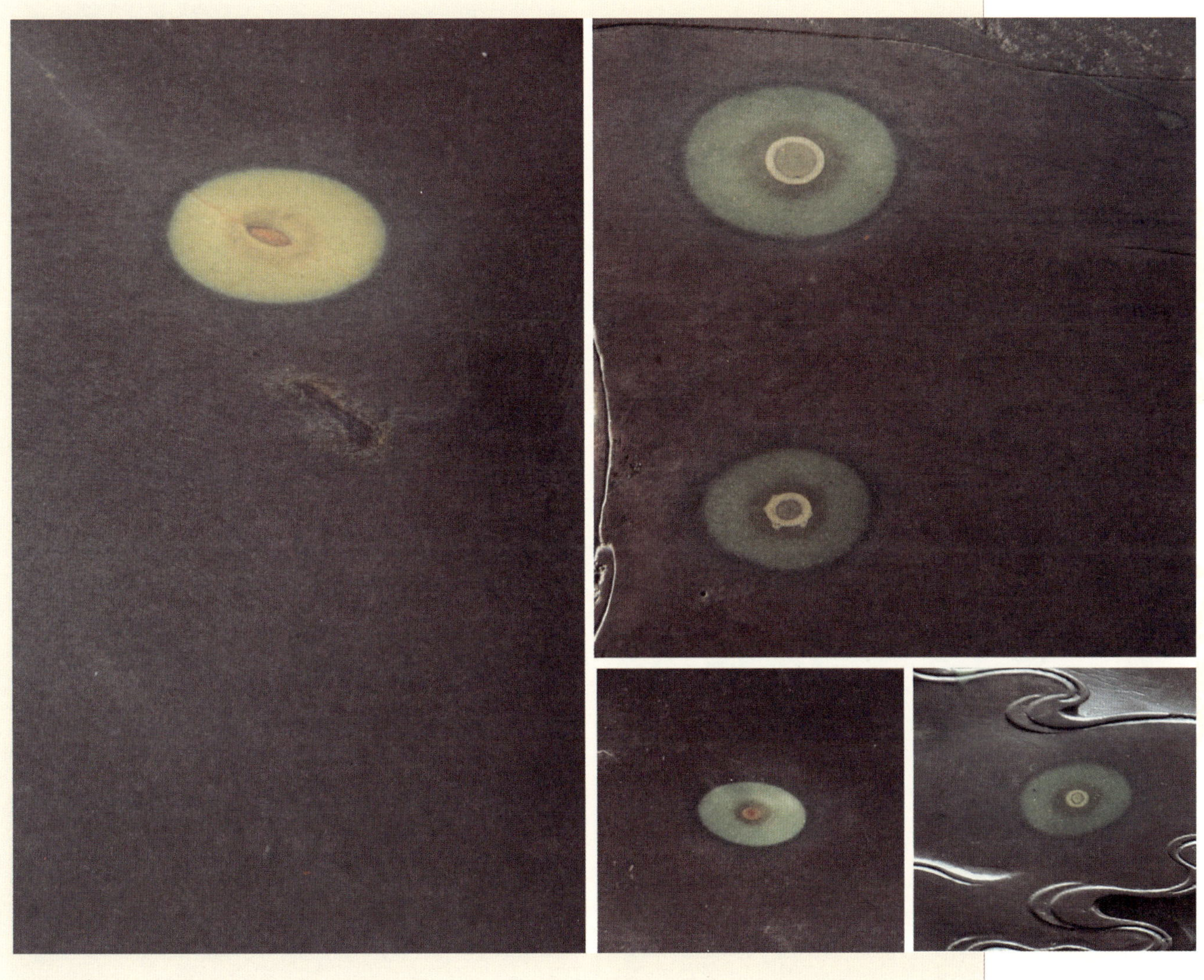

● 斧柯东石眼

斧柯东是个众多坑口的大家庭，石眼也面貌多样，比如右上图的石眼，因内有红色环圈叫鸡血眼，是斧柯东所特有，目前已难得一见。

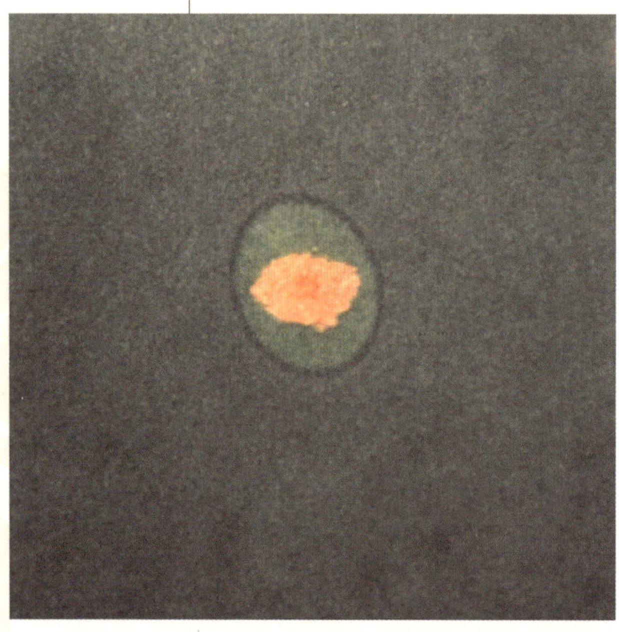

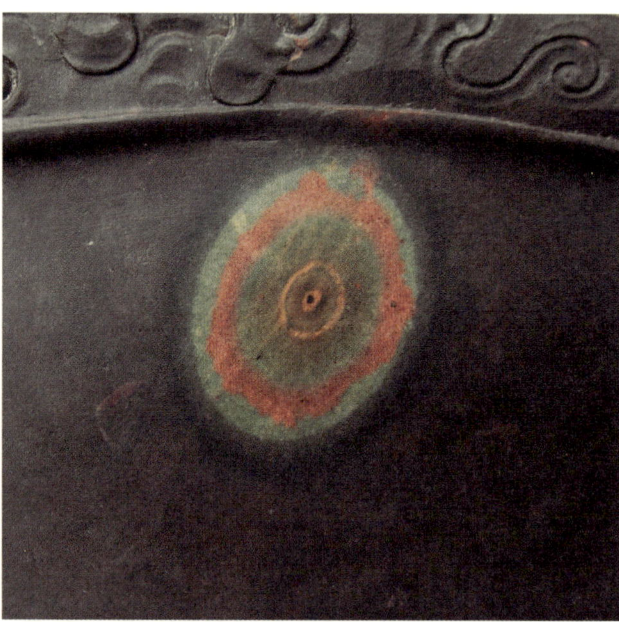

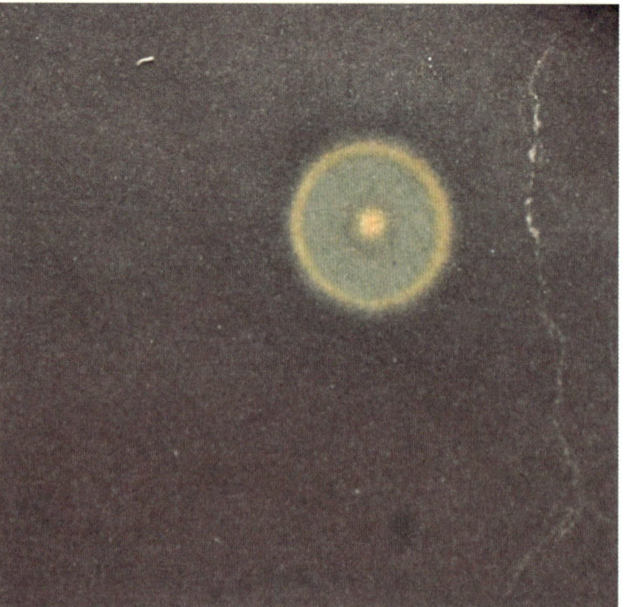

● 白线有冻岩《云月》砚

白线岩也有石眼，有黄、绿不同色泽，眼形多为椭圆，色环不多，不及三大名坑的石眼美观。图中此白线有冻岩，有大眼一颗，为此坑石眼中的佳品。

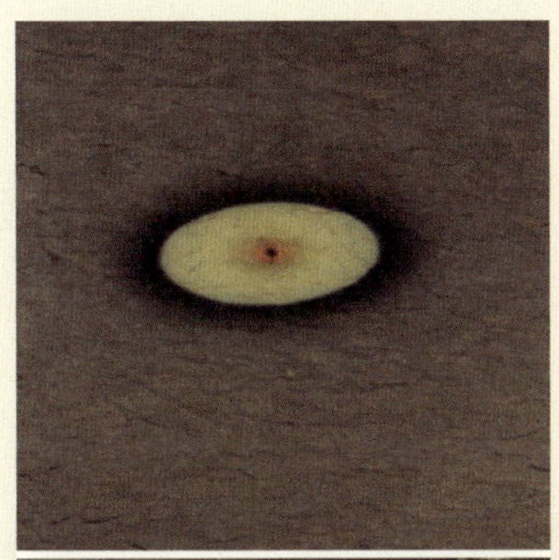

● 梅花坑石眼

梅花坑以多眼著称，石眼外形、大小、色泽多种多样。好的梅花坑石眼虽不及三大名坑的佳眼秀润，却有一种牙质感，也有一定观赏性。

但同一坑口往往有一定共性，所以石眼是鉴别坑口较为明显的参照。老坑的石眼在三大名坑中眼体最薄，外部黑色晕层最厚，且多为椭圆形，眼心有时会有可反光的金属点，较有特色，颜色则以绿色为主，普遍质地滋润，品质上乘。麻子坑的石眼在三大名坑中眼体最厚，外部黑色晕层最薄，以椭圆形居多，偶有圆形，上品晕层丰富清晰，且有独特黄色环状色圈，异常美观，为端砚石眼之精品。麻子坑中有一种较大的绿斑，似眼非眼，有人称之青癞，勉强称石眼，为下品。在三大名坑中，坑仔岩历来以多佳眼著称，其所生石眼眼体及外部黑色晕层的厚薄介于老坑及麻子坑之间，眼形多为正圆，且会十几枚、几十枚乃至上百枚地集体出现，阵容壮观。三大名坑之外，梅花坑是以眼多而得名。梅花坑的石眼大小差别较大，色彩丰富，多为椭圆形，晕层较少，无透润感。白线岩的石眼则普遍较大，色偏黄，眼心与眼形都不太规则。斧柯东坑口繁多，也有石眼，虽

偶有佳品但整体来说透润度不如三大名坑。

好的石眼，灵秀清润，如运用得当，无疑画龙点睛、锦上添花，但终为装饰，不可一味求眼。由于目前端砚观赏性大于实用性等多方面原因，石眼备受重视，"追眼一族"队伍庞大，甚至发展到了不管美观与否，只求数量，论个定价的极端情况，并对制砚界产生了很大的负面影响，出现了砚烘托眼而非眼点缀砚的情况，且广为普及，大行其道，已经到了主次不分、本末倒置的地步。这种唯眼是从的现象主要体现在三个方面：一、为了找眼，逼得将砚挖成千疮百孔，不得不做成层层叠叠的高浮雕。其中高手虽可玲珑弄巧，颇有一番功力，但终为俗品，难登大雅之堂。二、为了保眼，即便石眼高于砚堂，也特意保留，极大地降低了砚台磨墨的实用性，不但不美，反而有如头上脓包，脚上脓疮，让人反感。三、为了保眼，不论是佳眼还是瞎眼、死眼，只要是眼全部保留。好的石眼可起到美化砚台的作用，而差的石眼也可以起到丑化砚台的效果，如不分美丑，照单全收，自然是盲目的，不可取的。综上所述，石眼贵乎有神，

● **《止水微澜》砚去眼前**

图中此砚天青里有鱼脑冻轻荡，为麻子坑精品。右边有一石眼，虽色泽尚可，但混沌无神，而且位置也归于靠边，大有冷眼旁观之感，将整个砚的视觉中心偏移了，所以从砚道的高度考虑留不得。

● **《止水微澜》砚**

图中此砚是对上图砚料去掉石眼，精制细磨后的效果。砚体比例协调了，鱼脑冻居中了，砚石也感觉更加精纯，已然端庄成器。可见不能唯眼是从，应全局考虑，大胆取舍。

砚侧铭文："寒彻骨，冰玉潭。晓风过，起微澜。清凉世界，凡尘不染。"

● **镶眼**

镶眼是一种工艺，高手镶眼几可乱真。但如生搬硬镶，以镶为真，则无疑属作假范围。图中此砚本为一块品质上乘的老坑石，却在螃蟹身上镶了一颗坑仔眼，无疑弄巧成拙，多此一举。

贵乎起到画龙点睛的作用，我们要以冷静的审美看待石眼，不要以盲目的热情追求石眼，千万不能忘记砚台以用为本的基本属性。

石眼名贵，各类造假随之出现，其中较有技术含量的是镶眼，即将碎石上的石眼以各种方法移植镶嵌到大料之上，借机抬高砚价。两方砚台，如果石质相近，一方为真眼，一方为镶眼，价值是有很大差别的，虽然镶眼也是一种技术，但终有造假的成分，一般资深藏家多有不取。所以消费者不要见到石眼就兴奋，尤其是一些位置生得恰到好处的石眼，应先看清楚是原生真眼还是镶眼。

● 镶眼

图中此砚材料为不错的麻子坑材料，于砚池落潮云纹处镶一颗漂亮的麻子坑石眼，以求明月于空的意境，此处镶眼起到了烘托气氛的作用。

端砚的普通石品

端砚石品丰富，除了前面所讲的六大名品，还有一些普品，有的也具有一定观赏性，在此我们选几种较有代表性地为大家作一介绍。

火捺，因其铁矿物含量较高，呈暗红色，如烙铁之烙印，故而得名，又称火烙，常与天青、蕉叶白等名品伴随而生，可以称之为不是名品的名品。火捺因铁矿物含量不同，有的含量恰到好处，色彩娇嫩，如女儿腮上胭脂红，为火捺上品，极具观赏性，称之胭脂晕火捺，简称胭脂晕。有的铁含量过高，色彩焦黑，如煤渣生铁，为火捺下品，甚至可称石病，一般称之铁捺。从形态上来看，火捺可分为：团状、带状、片状。团状火捺如色彩娇嫩，晕层丰富，外形较圆，状如铜钱，可称金钱火捺；如色彩较深并相对滋润，大于铜钱且外形多样者可称猪肝冻。两者皆为火捺名品，可用可藏。带状火捺有单独出现的，也有围绕天青、蕉叶白等名品出现的，一般来说围绕名品出现的带状火捺品质相对较好，如果纹理清晰流畅，又同蕉叶白相伴随，丝线千条，似飞瀑奔流，名为马尾纹火捺，为火捺精品。

火捺对发墨没有直接的益处，且因为含铁矿物较高，硬度也高，如烙得过头，还会焦，从而影响发墨。但它以醉人的一抹红与端石基调的紫及端石精华之青、白二者相呼应，极大地丰富了端砚的色彩感，增强了端砚的观

● **如烙铁烙过一样的端砚石品火捺**

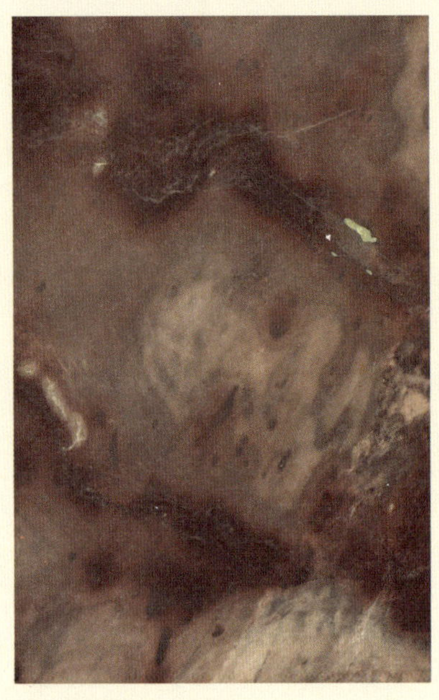

● **火捺**

天青、蕉叶白等名贵石品外边一般都围有火捺，图中砚料品质上乘，有大片浮云玫瑰紫石品，却被两条火捺分为三段，问题是火捺过焦，已经不美观了，所以砚石虽大，却要分而制之，难为大砚。

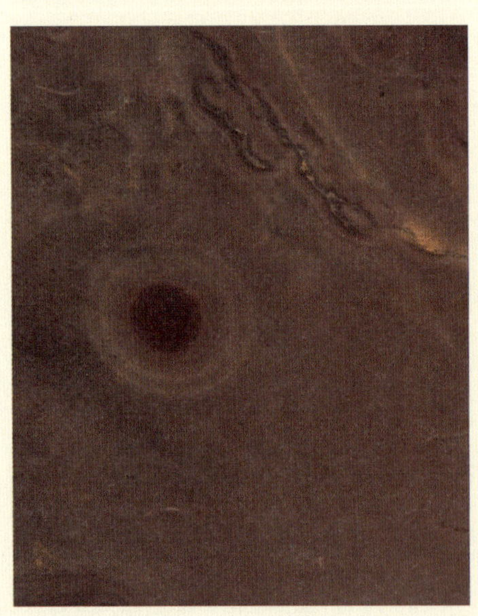

● **金钱火捺**

图中砚石火捺大如铜钱，圆整红润，且有清晰层状晕纹，是火捺中的精品。

● **马尾纹火捺**

图中砚石火捺与蕉叶白及天青相互交融，丝纹舒展，是典型的马尾纹火捺。

赏性，成就了端砚紫、红、青、白四大色系的绝妙组合。从石材构成来看，紫乃石之肉，红为石之骨，青为石之髓，白为石之膏，再加上灵动石眼点神，端砚生得如此完美，真乃山川之灵秀，焉不为“诸砚之首”乎？

翡翠，指端砚材料上的黄绿色点状、条状斑纹，外形极不规则，又称青脉，常与石眼结伴而生，故有“有青脉者必有石眼”的说法。翡翠如运用巧妙，可增加制砚情趣，但如有碍砚石的纯净，则还是没有的好。近来追求石品之风日盛，而名品难得，翡翠因名字好听，遂被吹捧，也起到了抬高砚价的作用，其实是比较盲目的。

● **白线岩翡翠巧作，程文作品《蕉园》砚**

此砚砚堂有翡翠，形如小蛙轻跳，与所雕蕉园呼应，情趣盎然。砚背铭文为：“舒卷随意大叶摇，小蛙轻跳过翠梢。弹落昨夜羚峡雨，滴入玄池润紫毫。”

● 黄龙纹

图中砚料为坑仔岩，有黄龙穿过，将左角的浮云玫瑰紫都染黄了。

黄龙，又称黄龙纹，主要由云母碎屑组成，土黄色，一般呈带状出现，其滋润者如黄纱曼舞，对发墨无益，亦无害，如运用得当，也可成就妙品。至于其粗者，色彩僵硬，触之如砂，实不可取。

朱砂斑与鸲鸪斑，为端砚石品普品里的小品种，出现率不高，但很有特色。朱砂斑指端砚石材上色如朱砂的朱红色斑点，老坑、坑仔、斧柯东、宋坑等多个砚坑均有出现，一般个头不大，却很抢眼，别具一格。鸲鸪斑较为少见，为椭圆形小圈，往往一组组出现，有些像鸲鸪背上羽毛纹样，因而得名，颇为别致，多见于坑仔岩。除了以上两种，端砚还有很多小石品，名目繁多，在此就不一一介绍了。

● 朱砂斑

朱砂斑一般不大，硬度较高。图为老坑材料中直径3.3厘米的朱砂斑。

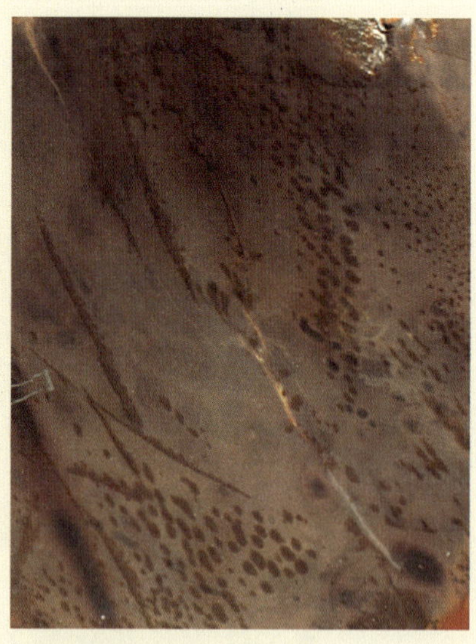

● 鸲鸪斑

砚石如偶有鸲鸪斑，也别有特色，如过多就有碍观瞻了。图为有大片鸲鸪斑的坑仔岩砚料。

端砚石品的组合

端砚的石品单讲品种已相当丰富，如不同品种组合出现，则可成就万千气象，无限风光，并可给人广阔的想象空间。在石品的组合中，以下几种组合名贵美观，为端砚材料之最精华者，亦为石砚整体之最精华者，是收藏者之终极目标。

第一，天青鱼脑冻，即在天青底上泡着鱼脑冻。如鱼脑冻圆润，视之若碧潭秋月，意境高妙；如为浮云冻，则可称之天青浮云冻，如夜空朗朗，大宇深深，引无限时空

● 老坑天青鱼脑冻

图中老坑砚石于天青底上有大团鱼脑冻，微尘青花密布其间，为端石精品。

● **老坑天青碎鱼脑冻**

图中老坑砚石天青底上散布鱼脑冻，品质上乘。

● **坑仔岩天青浮云冻**

图中坑仔岩砚石天青蔚蓝，大片浮云冻翱翔于上，充分展现了端石天青浮云之美。端砚里有“包春石”的说法，所谓包春石，指砚石不是于大料上成块切出，而是独立成团，四周为石皮包裹，内部自成一统的独料。一般来说，包春石因内部自成一统，成分调和，品质上佳，也可称为端砚的“子石”。包春石非常少见，三大名坑的包春石更是稀有，图中这方石品惊艳的砚石就是坑仔岩的“包春石”。

之畅想。此类搭配于多种坑口中均有出现，带有一定普遍性。三大名坑中，坑仔岩出现天青加团状鱼脑冻比较少见，而出现天青浮云冻则比较多；麻子坑出现天青加团状鱼脑冻比较多，而且品质上乘，天青浮云冻则较少见；老坑天青加团状鱼脑冻及天青浮云冻均有出现，名贵程度高于坑仔岩及麻子坑。

● 坑仔岩天青浮云冻

图中此砚通体天青，上有浮云冻，顶部几颗玫瑰紫布局巧妙，极有动感。这方砚石极似老坑砚石，实为坑仔极品，可见坑仔岩上品砚石已不在老坑之下。

● **老坑青花鸲鹆眼**

图中老坑砚石通体青花并有大眼一颗，秀润清朗，眼心金属点熠熠生辉，是青花兼鸲鹆眼的典型代表。

第二，青花兼鸲鹆眼，即在青花底上又有佳眼。有人认为：得青花兼鸲鹆眼者，诸品可废。此类搭配一般见于老坑和坑仔岩，又以老坑所产为贵。

● 老坑青花鸲鹆眼

● 坑仔岩青花底碧玉眼

图中此砚青花明显，前后有碧眼七颗，实属难得。此种坑仔眼油润晶莹，色泽碧绿，在坑仔岩中不多见，是坑仔岩石眼中最上乘者。

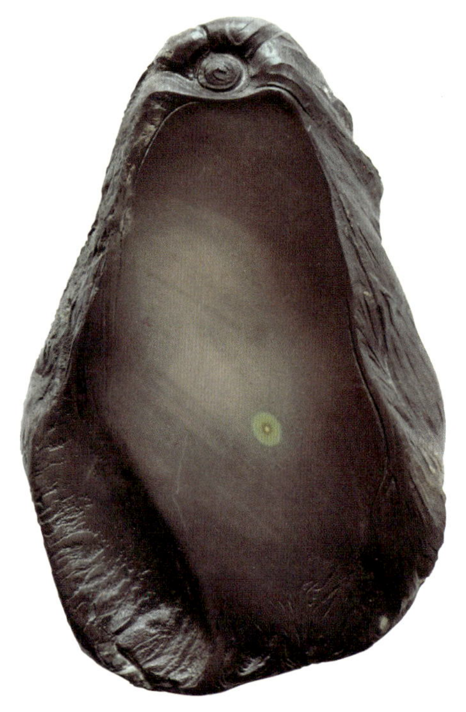

● **麻子坑冻上眼**

图中此砚有大团鱼脑冻，滋润欲滴，上生媚眼一颗，实属难得，足以倾倒众生。

● **坑仔岩冻上眼**

图中此砚虽制作通俗，但砚料却有难得的冻上眼，而且是在天青浮云冻上的石眼，非常稀有，材料本身价值极高。

第三，冻上眼，即在天青冻或蕉叶白或鱼脑冻上长出石眼来，因为地质原因，一般来说青花底上有佳眼生成比较正常，在有冻的地方生长石眼则较少见，即便偶有出现，石眼的色环往往不多，有时还会变形，如在冻上生有精美石眼，且异常美观，实属难得。

● 坑仔岩冻上眼

图中此砚可谓坑仔岩砚石绝品，端石神品。此砚体大，砚堂大片天青浮云冻，有此品质已实属难得，在天青浮云冻之上还生有三颗精美石眼，而且是平眼。天生美石，见之有缘。

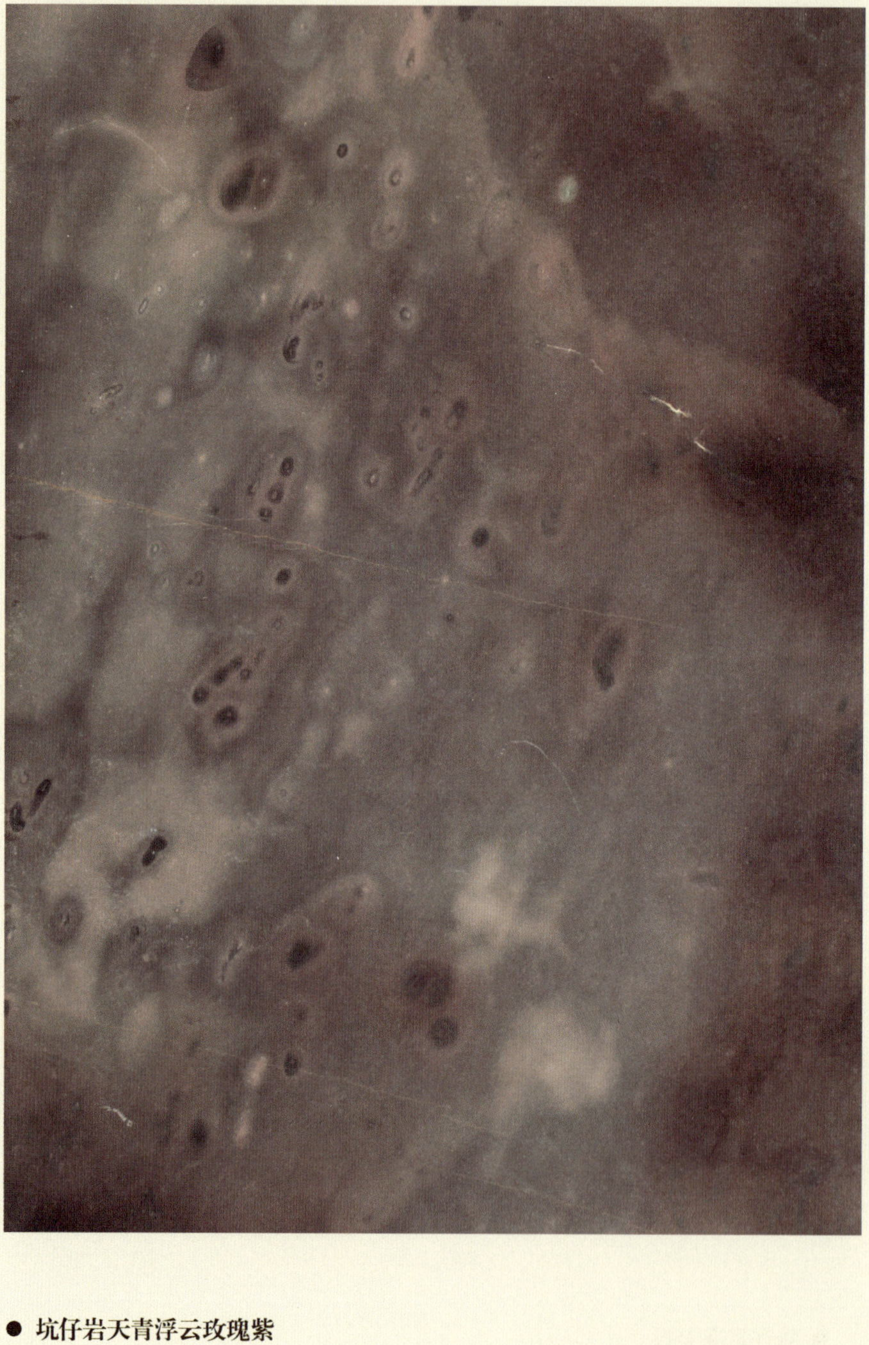

● 坑仔岩天青浮云玫瑰紫

图中砚石天青作底，浮云冻盈荡其中，玫瑰紫点映，是端砚石品天青浮云和玫瑰紫绝妙组合的经典代表。

● 坑仔岩天青浮云玫瑰紫

图中砚料质地紧密，外形圆润敦厚，浮云冻大片飞过，鹅毛氄青花满布，玫瑰紫青花飞舞，是难得一见的绝妙佳料。

第四，天青浮云玫瑰紫。在20世纪90年代末至21世纪初，开采了一批坑仔岩石料，有天青、浮云，还有大量玫瑰紫青花夹杂其中，合称天青浮云玫瑰紫，视之有气象万千、红尘幻化的效果，瑰丽奇妙，可称端砚石品搭配的妙品。开始并未得到人们的重视，价值也不高，但很快被普遍接受，渐受追捧，目前此类坑仔岩已十分少见，价格更是高不可攀。

● 大老坑

端砚名列天下诸砚之首，实因端石为天下诸砚石之首，而端石之首乃是老坑。老坑之体大者，俗称“大老坑”，为端砚收藏的高端，历来贵重。大老坑之精美者为天下诸砚石之首，是砚石收藏的最高境界。图中老坑就是大老坑精美者中的突出代表。

此老坑有以下几点珍贵之处：一、外形方正，比例协调。此老坑长40厘米，在大老坑中不算大的，但这是经过切割整形后的实际尺寸。有些老坑虽大，但如规矩成方板，就很难达到这个尺寸了。二、取料纯净，通体石肉。前面讲过端砚砚石的石肉部分一般宽在一掌左右，此石不留底板，有此尺寸，实属难得。三、石品丰富，各尽其妙。此石天青、鱼脑冻、青花、玫瑰紫、马尾纹、冰纹等名贵石品齐集一堂，而且天青冰澈，鱼脑冻滋润，青花含蓄，玫瑰紫艳丽，马尾纹疏朗，冰纹优美，每一样单独拿出来，都是各自石品的顶尖代表。四、主次分明、布局得当。石品丰富精美已属不易，而此石最为可贵之处在于石品虽多，却能主次分明、布局得当。最上品的鱼脑冻位居中央，起到统领全局的作用，大片鹅毛氄青花在天青底的衬托下位于下方研墨区域，对研墨起到了充分的保障作用。冰纹以及少许金线虽也很漂亮，但都归边了，不来扰乱那绝色动人鱼脑冻魅力的展现。以上四点同聚一体，可谓天地造化，砚石王者。

端砚的石病

砚石上的花色纹理美观又不影响发墨的可以称之为石品。如果不美观又有碍于发墨，甚至是砚石结构上的缺陷，就不能称“品”，而是“病”了。砚石乃大自然的产物，自然不可能以人的意志为转移，也存在不少石病。所以我们鉴别端砚，必须要搞清哪些是石品，哪些是石病，两者不能混为一谈，更不能将石病称为石品。目前端砚市场上，将石病诡称石品，并借机抬价的情况颇为常见，形成了极大的误导性，消费者及收藏者当引起重视。端砚石病中比较有代表的有以下六种。

第一种石病是金线。金线是砚石裂纹被黄色菱铁矿填充所形成的黄色线纹。老坑较常见，麻子坑及坑仔岩

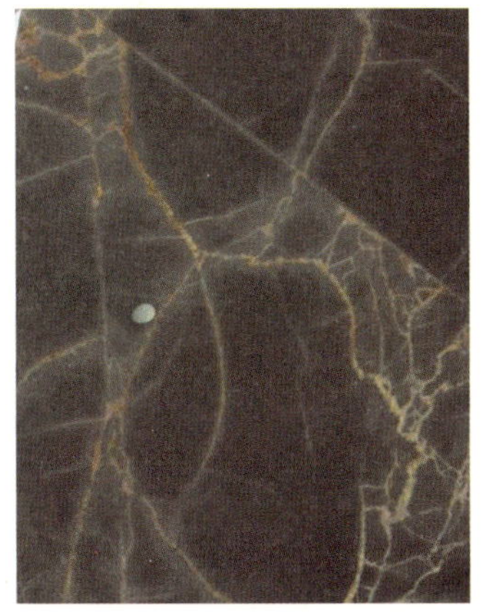

● 与冰纹相伴随的老坑金线

● 与牙胶线相伴随的老坑金线

等坑口也有。不知何时，金线被误传为老坑的独有特征，一下子由“病”升“品”，由“裂”变“美”了，有金线的老坑反而比纯净的老坑更抢手。近来虽此风渐退，但余音犹在，收藏者还应加以注意。

金线虽为石病，但如果疏朗有致，黄色自然柔和，也具有一定观赏性。通常石质好的地方，如有金线，一般也比较柔和。拿老坑来说，常常将生于石肉部分且比较柔和的金线，称为肉线，算是金线里的上品，是可以接受的。金线如稍加点缀，无伤大局，如过多，结线成网，俗称网纹，就不可

● 老坑金线

图中老坑石有天青浮云冻，质地上乘。其上金线柔和，属于肉线。

● 老坑网纹

金线密集，结而成网。

● 麻子坑金线

麻子坑金线的出现率还是比较高的，而且有的很像老坑金线，应细心区分。

取了。网纹多见于老坑，一般出现在顶板或底板石质较差的地方，严格说不能算正经砚材，因老坑日贵，佳者千金难求，这类网纹密布、老坑特色又明显的石材也身价不菲了，其实无论收藏还是使用，均非上品。

金线形成的根本原因是砚石有裂隙出现，如金线细微柔和尚不足虑，如线条过粗且颜色变为深褐色，近似铁锈，俗称铁线，则大不可取。铁线处石质不牢，容易发生断裂，如保管不当，砚石有一分为二的可能。

● 坑仔岩金线

坑仔岩也有金线，一般比较平直，较为生硬，还是比较容易区分的。

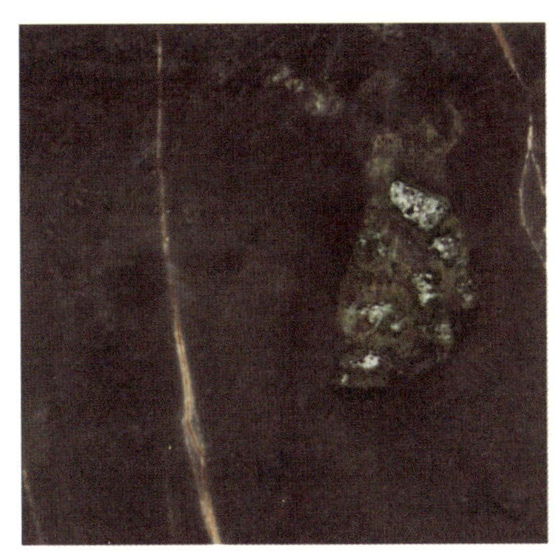

● 老坑砚石上的大团五彩疔

● 麻子坑砚石上的明显虫蛀

第二种石病是五彩疔。五彩疔是端石中绿泥石、赤铁矿、菱铁矿、方解石、石英等矿物的集合体，色彩暗绿苍黑并有黄、白小点夹杂其中，硬度较大，难以雕刻，也不利于发墨，属端砚里比较严重的石病。五彩疔虽为石病，但出身好，多出现于老坑，虽然在坑仔岩上也发现过五彩疔，但不普遍，不影响在日常实践中以五彩疔作为判断老坑身份的标识。因此，同金线借老坑而贵的情况一样，五彩疔也成了商家抬高砚价的名贵“石品”了，甚至有在别坑砚石上镶嵌五彩疔冒充老坑的现象。从端砚的使用与收藏角度讲，如一方老坑品质很好，有少许五彩疔出现在砚堂以外的地方，还是可以接受的，但如五彩疔太多，并出现在砚堂，则要么大砚裁成小砚，要么不取。

第三种石病是虫蛀。虫蛀指砚石上出现如小虫蛀咬过的凹痕，常出现于麻子坑，为麻子坑一大克星。虫蛀严重影响研墨，应尽量将其从砚堂中避开。虫蛀有时还会伴随一些杂色斑痕出现，极似老坑五彩疔，如再生有一两条金线，则极易将麻子坑误判老坑，这一点在古砚鉴定中应引起注意。

第四种石病是鹤屎。鹤屎指砚石上呈不规则外形的白色斑块，因多为黄白色，又叫白鹤屎，其硬度不均，或松软、或坚硬，难以下刀，看上去有如皮肤癣，

● 老坑砚石上的大团白鹤屎

可称端砚的皮肤病。对于初识端砚的朋友，白鹤屎很有迷惑性，容易同鱼脑冻混淆，两者一为名品，一为石病，完全不同。

第五种石病是油涎光。油涎光多与铁捺伴随出现，为铁元素高度密集所呈现出的一种铁灰色的反光现象。不利研墨，亦不美观，如出现在砚背，还可勉强接受，如泛滥砚堂，则不可取。

第六种石病是裂纹。裂是砚石因地质运动等原因所产生的断痕，在端砚中，

● 老坑砚石上的成片油涎光

因断纹内填充物不同，又有“冰纹”、“金线”之别，也有断纹细小并没有填充物的暗裂，为砚石的致命伤，这种暗裂粗磨时不易发现，是选购砚料时容易忽视的潜在危机。裂纹如果细而短，且浅浮于表层，则称指甲痕，为裂的轻微病征，不影响大局；如裂纹透底，则断裂的危险系数极高，品质再好，也是重病患者。

裂的形成，有两种原因，一是自然的地质原因，一是人为的开采原因。前者是自然形成，除切料时尽量回避外，没有其他办法。但后一种原因就让人遗憾了，当代为提高开采效率，端石开采中炸药得到广泛使用，在爆炸的震动下，人为使砚石多了很多暗裂，尤其是一些大料，未加工时，看上去体大魁梧，其实内部犹如被化骨绵掌打过，已是断痕累累，暗伤处处，惨不忍睹。此外砚石往往越是在娇嫩的石品处越容易发生断裂，故而一些美丽的石品在砚上经常靠边靠角，半隐其形也就不难理解了。

端砚的石皮

● **老坑石皮**

石皮是砚石形成后，在造山运动中形成的裂痕，经矿物填充或常年水蚀而成，为砚石松脆易断处，呈红、黄、绿、白、黑等颜色，并多有黑色斑点。因各种原因，不同坑口石皮有所不同，故石皮也是分辨坑口的参照之一。老坑石皮颜色以黄、绿为主，少黑色斑点，肥厚有油脂感。麻子坑石皮颜色也以黄、绿为主，常与虫蛀相伴随。坑仔岩石皮颜色以黄色为主，且有黑色斑点及山水纹。白线岩石皮色彩以红、黄为主，也有黑色斑点及山水纹。绿端石皮色彩则以黄、黑为主，其中黄皮较厚，黑皮较薄。斧柯东

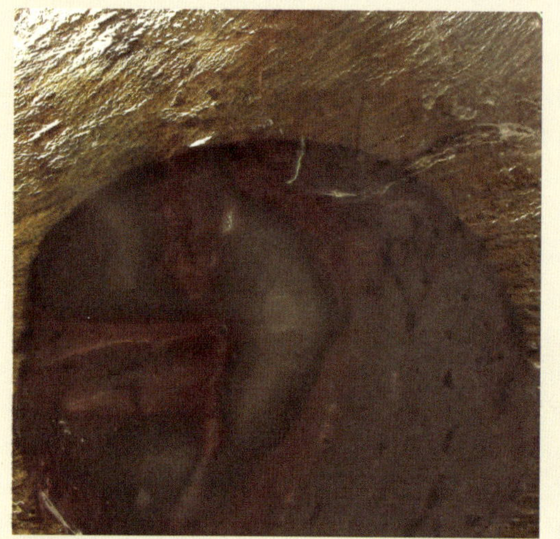

● 麻子坑石皮

● 坑仔岩石皮

的石皮则五花八门，不一而足。

石皮本为砚石皮层，无所谓石品还是石病，古人制砚多有不取。因其色彩变化及天然纹理在当今流行的随形砚及山水砚中比较容易加以利用，也比较出效果，所以，目前堂而皇之将其列为石品的情况普遍存在。石皮在制砚中如能巧妙运用，当然也是一种制砚的处理手段。但需注意一个问题，前面我们讲过端砚材料正材与侧材的问题，石皮一般生于砚石的侧面，如一味追求石皮，将石皮用于砚台的正面，则所开砚池，必为侧材，有违端砚石性，资深藏家多有不取。所以，对于端砚的石皮应以客观态度对待，如果运用合乎石性，自然无伤大局，但没必要盲目追求。

● 白线有冻岩石皮

● **梁满雄作品《东方红》砚**

图中此砚取材于斧柯东砚石，石皮肥厚，色彩浓艳，纹理沧桑老辣，梁满雄大师只开如日圆池，顿生霞光万道，滚滚流云。砚背铭文为："红日升东方，天地染光芒。拄剑思壮志，云卷大风扬。"

端砚审美

我们说文化由自然、人文两部分构成，自然是天然基础，人文是内涵提升，两者相互依存，共同作用，成就不同文化。端砚文化同样由自然、人文两部分构成。自然指端砚材料的独特性与优越性，是其天然基础，也是端砚文化存在的前提。但是光有优质的材料还不能称其为文化，还需具备人文方面的内涵提升。在端砚研究中，一直有偏重材料、忽略人文的情况，对于人文因素中核心的审美问题更是言者寥寥。古往今来，虽然砚书不少，但相对于端砚材料的研究来看，端砚的审美即制砚的美学指导原则这一根本性问题却文字稀少，不成体系。砚的审美如果没有一定的原则和标准，我们在制砚或评砚的时候就好比没有了原则与标准，如果连原则与标准都不明确，还能创造出优秀的作品来吗？还能保障一个行业的健康发展吗？所以对端砚审美问题的研究是制砚的方向性问题，也是当今砚学研究最需要、最急迫的问题。

端砚的审美问题，简单来说，是以古雅为宗，以儒、道两家思想的审美追求为基本审美类型，本着以人为本的审美原则，追求打动人心的审美目的。而古雅的审美取向，又可体现为静穆温厚的精神气质，简朴归真的表现形式。

砚学体系

谈论端砚审美之前，我们先需搞清楚砚学体系，不然谈论端砚审美的问题会比较孤立与片面，而且理清砚学体系也是砚学研究的基本问题。

砚文化是对以砚为核心的自然、人文内容的统称。砚学就是对砚文化的研究，即对以砚为核心的自然、人文内容的研究，砚学作为一门独立的学科，从大处看，包含两部分，一是砚内之学，一是砚外之学。砚外之学指以砚为依托的文化艺术再创造，比如由砚铭的题刻所延伸到的诗词、书法、绘画、金石等艺术领域，由砚的包装所延伸到的木雕、漆艺、玉雕、织绣等工艺领域，由砚的表现所延伸到的拓印、装裱、摄影、展示等其他领域，可谓包罗万象，是对中国传统文化的集中体现。砚内之学指砚作为使用器物的自身问题，主要包括材料、工艺、审美、历史四部分内容。砚外之学重在创造，内容在不同砚种之间具有一定共性，比如端砚与其他砚种在铭文题刻、配盒镶嵌、拓印装裱以及摄影展示等方面的审美与讲究是差不多的。砚内之学重在研究，内容在不同砚种之间则不尽相同，其中材料与历史是完全不同，工艺和审美是有所不同。工艺的不同，主要是因为各砚种材料的软硬度与结构有所不同，审美的不同则主要因为各砚种材料花色纹理以及所处地理文化有所不同。

端砚学作为砚学主要组成部分，其砚内之学则包含

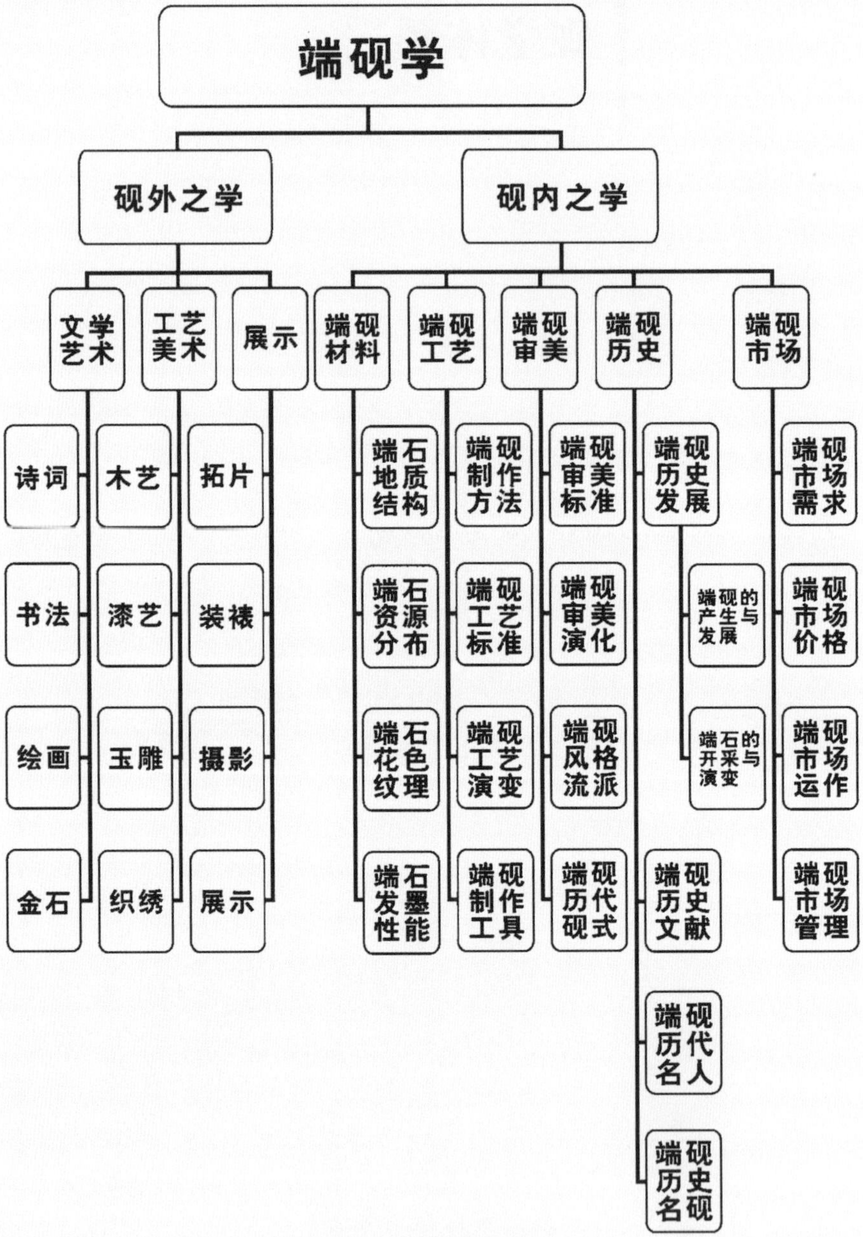

- 端砚学
  - 砚外之学
    - 文学艺术
      - 诗词
      - 书法
      - 绘画
      - 金石
    - 工艺美术
      - 木艺
      - 漆艺
      - 玉雕
      - 织绣
    - 展示
      - 拓片
      - 装裱
      - 摄影
      - 展示
  - 砚内之学
    - 端砚材料
      - 端石地质结构
      - 端石资源分布
      - 端石花色纹理
      - 端石发墨性能
    - 端砚工艺
      - 端砚制作方法
      - 端砚工艺标准
      - 端砚工艺演变
      - 端砚制作工具
    - 端砚审美
      - 端砚审美标准
      - 端砚审美演化
      - 端砚风格流派
      - 端砚历代砚式
    - 端砚历史
      - 端砚历史发展
        - 端砚的产生与发展
        - 端石的开采与演变
      - 端砚历史文献
      - 端砚历代名人
      - 端砚历史名砚
    - 端砚市场
      - 端砚市场需求
      - 端砚市场价格
      - 端砚市场运作
      - 端砚市场管理

● 端砚学体系示意图

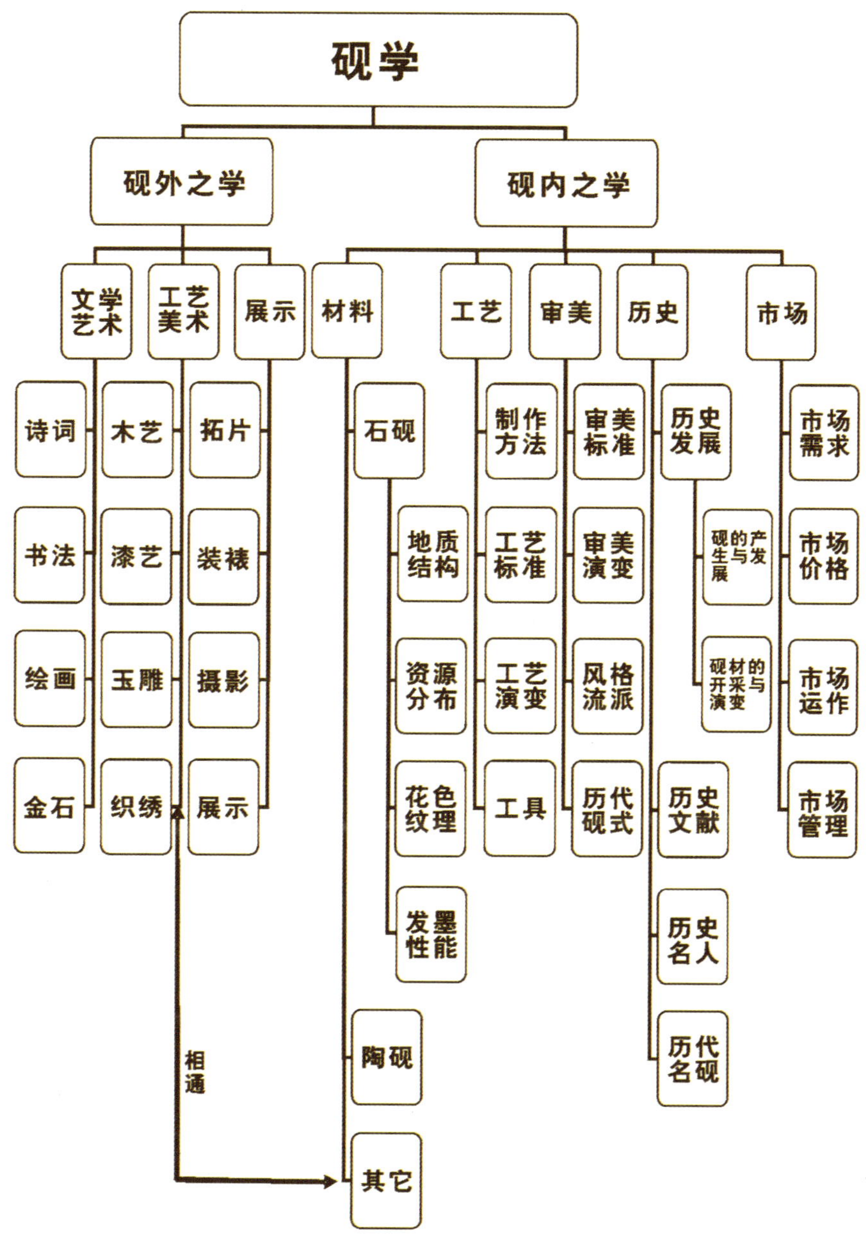

● **砚学体系示意图**

端砚学体系从属于砚学体系，其他砚种也可以在砚学体系的基础上，结合自身的材料、工艺、审美、历史、市场等具体情况进行内容的删减。各砚种的砚学体系综合起来，就是砚学的全部内容。

端砚材料研究、端砚工艺研究、端砚审美研究、端砚历史研究、端砚市场研究五部分。端砚材料研究包括：砚石的地质结构、砚石的资源分布、砚石的花色纹理、砚石的发墨性能等研究内容。端砚工艺研究包括：端砚制作工艺的方法、端砚制作工艺的标准、端砚制作工艺的演变、端砚制作的工具等研究内容。端砚审美研究包括：端砚的审美标准、端砚的审美演变、端砚的风格与流派、端砚的历代砚式等研究内容。端砚历史研究包括：端砚的历史发展、端砚的历史文献、端砚的历史名人、端砚的历代名砚等研究内容，其中端砚的历史发展又包括：端砚的产生与发展、端石的开采与演变两部分。端砚市场研究则包括：端砚市场需求研究、端砚市场价格研究、端砚市场运作研究、端砚市场管理研究四部分。

我们如果对端砚学体系有了大体了解，就会发现，端砚材料学只是端砚学的一部分，要想推动端砚文化的发展，只着眼于砚石价值是远远不够的，应有更完善的思维体系。目前，端砚界重材料轻文化的情况还是普遍存在的，材料的价值不断提高，而文化的价值却远远得不到体现，端砚的审美等文化层面的问题也自然引不起真正的重视。在评价一方砚的时候往往先考虑材料值多少钱，砚与砚石的概念有所混淆，砚学内容被割裂，砚文化的概念被曲解了。一种工艺品如果其价值更多地体现在材料价值上，而不能充分体现文化价值的话，说明其发展还是处在比较初期的阶段，还不能称之为成熟的行业。所以理清端砚学体系，搞明白端砚文化的完整内涵是目前端砚行业发展的必要前提。

古雅为宗

我们在谈论端砚的审美之前，必须先明白一个问题，就是端砚作为一种带有工艺性的器具，使用者与玩赏者来自社会的各个层面，因各自生活经历、文化修养、性格爱好的不同，审美也多种多样，并形成了各自不同的评价标准。虽然从个人的角度考虑，只要自己喜欢就行了，自己的审美标准也就是最高标准，但如果从文化的角度来考虑，不同的审美虽然没有对错之分，但根据所依托的文化内涵也有高低之别。审美所依托的文化内涵越深，格调就越高，所以说审美不等同于本能的喜好，而是建立在文化基础上对美的感受，我们谈论端砚的审美，也必须立足于文化。

● **古雅意味赏析**（十都书院藏）

图中此砚外形犹如“风”字，也叫风字砚。砚形修长，俊秀端庄，线条变化节奏轻缓，砚堂起伏舒展自然，气质古雅中稍有魏晋之风。

既然要立足于文化才能谈端砚的审美，那应该立足于什么文化呢？当然是中国文化，而且是中国传统文化。世界文化，东西各异，西学尚新，中学尚古，砚学为纯粹之中学，与西洋毫无关系，在当今飞速发展的时代里，

我们对其态度应尽量保持其纯，而非追求其新；应立足当代，放眼古代，不是立足当代放眼未来，将端砚的审美倾向于当代工业设计的思维是不对的。也许有人会说，这不是倒退吗？其实立足当代正是与时俱进，放眼古代则是明确文化定位，在端砚的审美上体现为制砚需有古意，而所谓的古意就是砚台通过自身的材质、造型等要素所体现出来的中国传统文化的韵致和精神。另外，我们说立足当代，放眼古代，不是说立足古代，放眼古代，更不是提倡一味地仿古，而是立足于传统的创造。

● **古雅意味赏析**（延赏楼藏）

图中此砚简洁而不简单，其外形比例得当，方圆相济，线条直中有曲，曲中有直，落潮处缓和而饱满，砚边上方微圆，宽度稍宽，过渡柔和而有力，既增强了全砚的节奏变化，又增强了砚的视觉厚度。静心观之，斯文俊秀，温文尔雅，有浓浓书卷气，古意十足。

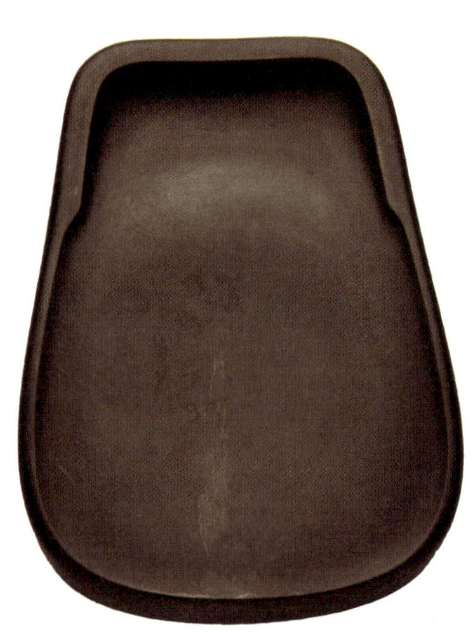

● **古雅意味赏析**（广东省博物馆藏）

图中此砚为锦囊式，圆熟温厚，沉静娟秀，有浓浓书卷气，淡淡高古意。

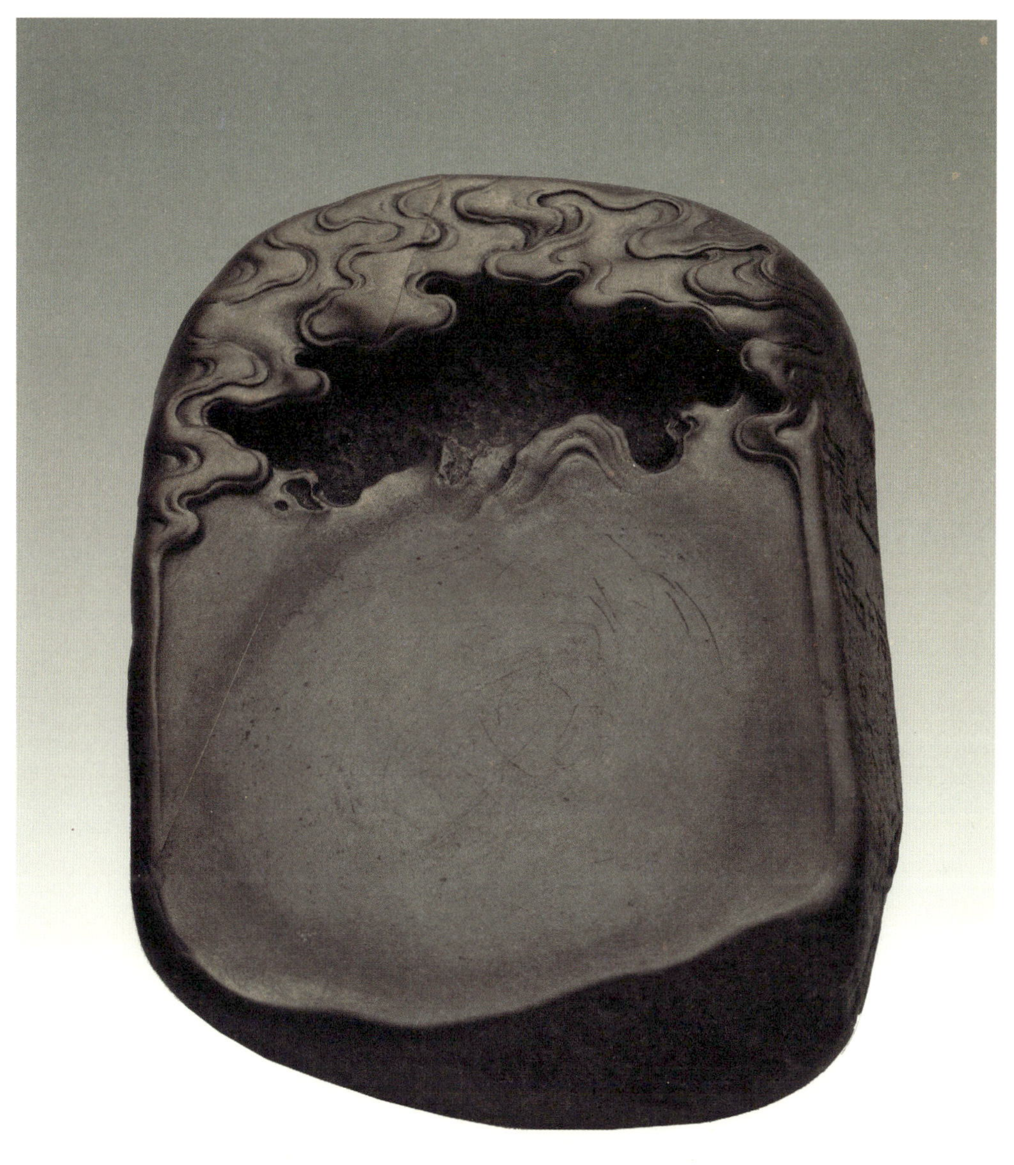

● **古雅意味赏析**（广东省博物馆藏）

图中此砚人文、自然结合巧妙，颇具自然之气、高古之意。

● 日本砚

日本文化深受中国文化影响，但又往往带有自身浓浓的岛国心态，比之正宗中国文化相对要小气一些，缺乏大度从容的气派，偏于弄巧，追求精致，注重形式感与装饰性。这一点在其制砚的审美追求中也有明显的体现。

图中此砚为第33回日本传统工艺展获奖作品。

● 日本砚

日本在20世纪七八十年代其经济发展期曾兴起一股砚学热，民间玩砚的社团及关于砚学研究的书籍大量涌现，客观地讲，对于砚学的发展与研究还是很有成果的。有关制砚的各类竞赛也时有举行，并且态度认真、严肃。

● 日本砚

此三方由日本制砚师设计制作的砚台，充分体现了日本砚的风貌。整体来说，形式感较强，制作比较精致，但缺少古雅的气息，过于轻佻，现代工业设计的感觉太强，书卷味与亲和力不够。作为日本本民族的制砚艺术无可厚非，对我国制砚艺术来说，参考意义不大。

砚乃文房之物，当力求雅致，不可一味媚俗。一方端砚无论材料有多好，如雕成“马到成功”或“一帆风顺”等内容，则难登大雅，终为俗器。雅致具体又有多种面貌，比如文雅、清雅、素雅、淡雅等，但终归少不了文士心与书卷气，而文士心与书卷气也正是雅致的基本内涵。雅致如能融合厚重古意则为古雅，古雅者已入大雅境界，为端砚审美之正宗，也是评判端砚美丑之准绳。“古”是方向，“雅”是境界，境界有不同，而方向无其他。

对于古雅的理解容易产生一些误区，比如以粗野为古雅，以笨拙为古雅，以雕刻点传统纹样为古雅。古雅是一种静穆温厚的精神气质，是文养学识沉积到一定程度所散发出来的风度，带有很强的人文色彩，绝非粗野笨拙可以等同论之，也非雕刻传统纹样那样表面化。同时古雅与古拙也不完全一样，前者多了一些文气，后者多了一些自然，从砚作为文房用具的器物属性来看，古雅相对于古拙更为正宗。

“古雅为宗”是端砚审美的基本原则，明确这一点是讨论端砚其他审美问题的前提。端砚广大制砚者如能深刻认识到这一点，则应努力提高个人的文化素质，尤其是对中国传统文化的认识并虔诚地向古砚学习，只有这样才能在制砚时不会发生方向性的错误。

儒道精神

“古雅为宗”是端砚审美的基本原则。端砚审美的类型则具有两面性，这种两面性取决于中国传统文化的多样性。中国传统文化主要以儒、道、佛三家思想为思想基础，其中儒、道两家为主干，佛家为调和。儒家思想讲究仁爱，注重礼法，以入世的态度追求人为之美；道家思想讲究无为，注重天性，以出世的态度追求自然之美。这些区别在中国传统文化的方方面面均有所体现，比如建筑，既有体现儒家思想的对称式宫殿建筑，也有体现道家思想的自然式园林建筑。又比如书法，有规整秩序，体现儒家审美的篆书、楷书；也有自在天然，体现道家审美的行书、草书。在历代端砚制作中，儒、道两家思想则体现为对人为之美与自然之美的不同追求，两者同时存在，共同发展，组成了中国砚道的整体。

人为之美与自然之美追求不同，在制砚中可体现为两种不同的思路。若注重人为之美，在砚台的制作中无需过多考虑原来砚石的自然面貌，根据人为的主观设计裁切制作即可，追求的是将砚石制作成一种人为器物，比如门字砚、平板砚等。如果注重自然之美，在砚台的制作中应力求保持天然之趣，比如天趣砚、随形砚等。两者没有高下之分，只是审美形式不同而已。

审美形式不同，工艺标准自然也不一样。追求人为之美者，应以典雅端庄、规整稳重为佳，以轻薄媚俗、玲珑

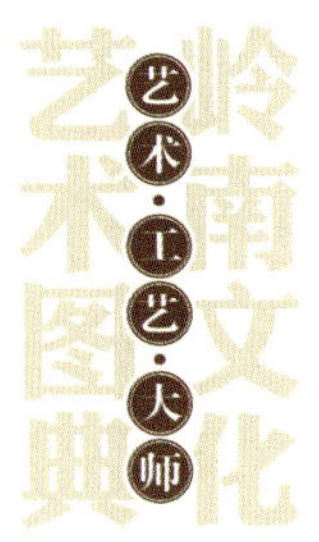

弄巧为差；追求自然之美者，应以自然和谐、朴拙敦厚为佳，以矫揉造作、零碎单薄为差。另外追求人为之美不一定就要雕得琳琅满目，很多规整素砚或平板砚一样具备感人的人为之美；追求自然之美不一定就省工，尤其是“暗工”的处理，更显功力。

儒、道二美各有千秋，至纯至善皆可成就砚道大美，然能否调和阴阳，二美兼顾呢？当然是可以的，但难度很高。拿处世来说，若能做到以入世的态度出世，以出世的态度入世，谈何容易！至于砚雕，若能于规矩中现天然，于随意中见法度，则需有较深的美学功力及砚学功底。如处理不好，则会不伦不类，两头不靠。

● **老坑，程八作品《飞瀑连珠》砚（一笑斋藏）**

清代纪晓岚曾藏有一方古琴砚，款式古雅，但琴徽误作七点，纪氏在砚背所题铭文中也提到了这个问题。图中此砚取纪晓岚古琴砚外形，但将琴徽改为十三点，并在正面夔龙纹的基础上加了底纹，工艺难度变大了。

此砚制作工整，不留石形，纯以人的主观取向制砚，比例协调，制作精致，纹饰华美，文静中不失典雅，是儒家思想制砚的体现。

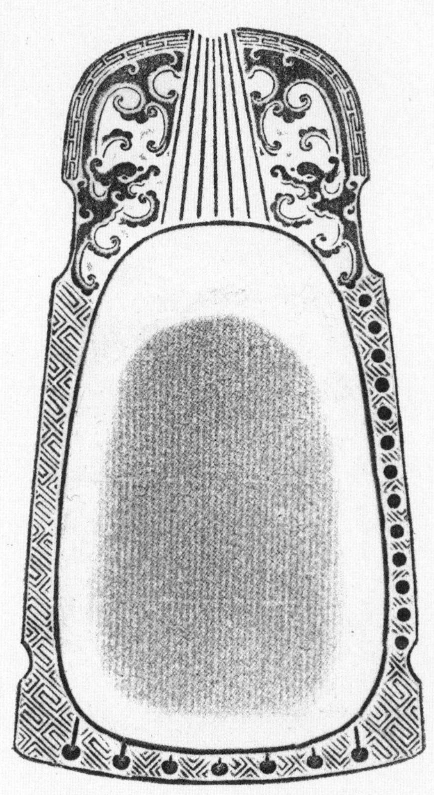

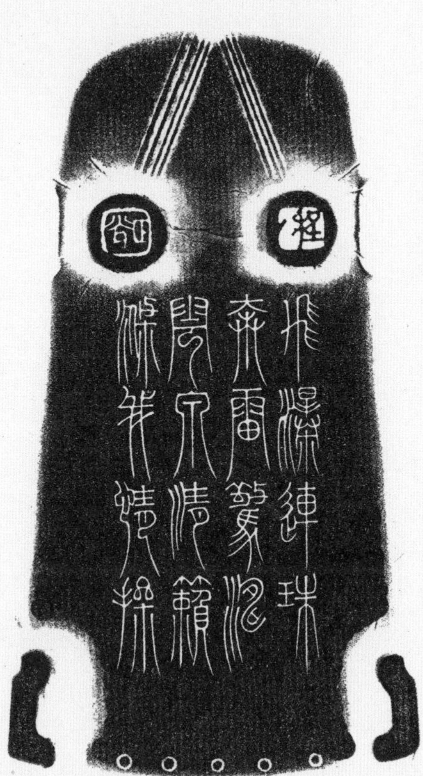

● 赵粤茹拓《飞瀑连珠》砚

● **清　花瓶砚**（十都书院藏）

图中这方清代花瓶砚，造型饱满对称，纹饰雕刻典雅而有厚度，材料上乘，也是儒家思想制砚的体现。

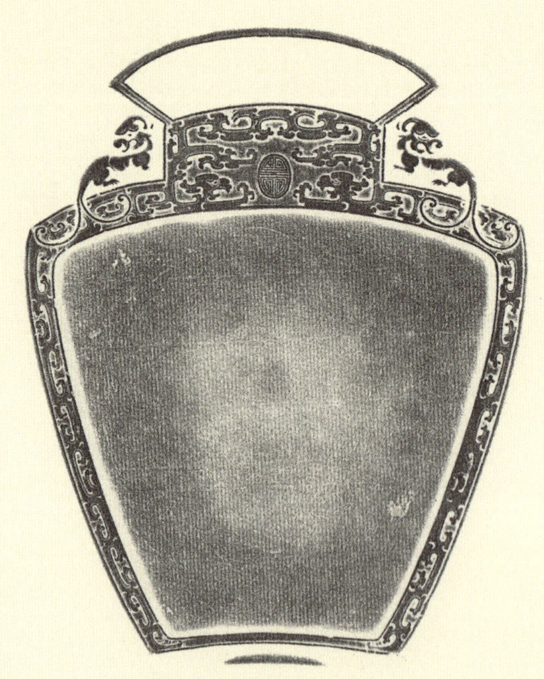

● **赵粤茹拓清花瓶砚**

● **拿云楼作品《三孔》砚**

图中此砚是由宋代“天砚”审美意味发展而来，在保持原石自然风骨的同时，巧加点化，卓然成砚。是道家思想制砚的体现。

● **清 《石子》砚**（十都书院藏）

图中此砚在原石自然形态的基础上，小琢石子几枚，整体感觉如一团泥包裹着几枚鹅卵石，沧桑古朴，颇得自然之趣，是道家思想制砚的一种体现。

● 明　《涌云》砚（十都书院藏）

此砚云纹雕刻于随意中不失苍厚，并与砚身浑然一体，自然简朴，古拙天然，充分体现了道家思想的审美取向。

● 赵粤茹拓明《涌云》砚

● 一笑斋作品平板砚

图中此砚裁切方正，工艺严谨，打磨细致，背面精心推敲，处理果断，大切大裁，刚毅明确。此砚儒、道两家的审美思想都有所体现，而较偏重于儒家思想的审美。

● 平板砚背面处理（一笑斋藏）

砚背铭文："化残为美，似缺而全。方寸之道，驾驭天然。"点明了此砚的制砚思想。"化残为美，似缺而全"可理解为制砚时的处理原则，"驾驭天然"则是砚道无上之法则。

以人为本

端砚不管是拿来用，还是拿来赏，其对象都是人，而且无论是美还是丑，也都是由人来评价，所以端砚的审美原则，必然是以人为本。以人为本有多重含义，正确并且全面地理解以人为本，是研究端砚审美的必要前提。

以人为本作为端砚的审美原则，包含两重含义，即以用为本和以心为本。以用为本是由砚作为文房使用器物的基本属性所决定。一方砚无论想法多么新奇，雕刻多么复杂，如果没有实用功能或者使用非常不方便，则不可能称之为好砚。以用为本具体体现为以下几点：一、砚不在大。砚为用具，大小当以人的使用方便为准，过大沦为摆设，过小则变成玩件。目前一味求大的现象比较普遍。二、堂不可小。砚不在大，而砚堂不可小。砚堂乃真正研磨之处，当以平整开阔为宜。目前市面上很多雕得玲珑剔透的大砚，砚堂还没有手掌大，可谓本末倒置。三、石品得当。面对一方好砚石，在设计时应尽量将有利于发墨的部分设计在砚堂研墨处，尤其是石品里的高级名品。比如一方有鱼脑冻的端砚，鱼脑冻生在砚堂之中还是砚堂之外，砚的价值相差甚远。四、涤墨方便。砚台的使用，应尽量保持其净，用完需及时洗涤，一方砚台的雕刻如到处是沟沟坎坎，刻薄刺手，自然是不方便洗涤，有违以用为本的原则。五、拿握合手。砚台在使用过程中自然要经常拿动，如以把玩为主，则更是不离人手，所以其凹凸起伏、圆转方

● **砚大池小**

图中此砚的雕刻也算目前山水砚制作中比较精致的，但构图程式化，雕刻僵硬，砚大池小，拿来观赏不够雅致，拿来研墨也不实用，非制砚正道，只是普通商品，不属收藏范围。

此类端砚也有材料很好，价格高昂者，因不合砚道，只能算是高级商品，谈不上作品。

● **石品位置不正**

图中此砚为麻子坑上品所制，通体青蓝，还有鱼脑冻，但鱼脑冻位于上部边缘，不在墨堂中间部位的研墨区域，虽有好石品，但磨墨却用不上，砚的价值自然有所降低。

● **石品位置正当**

图中此砚与前图端砚同为麻子坑上品，品质相近，但鱼脑冻位居砚堂中央，价值比前者要高很多。

直当与人体运动及起伏相符合，从而拉近人与砚的亲和力。以上几方面可在制砚中通过具体雕刻手法体现，还是比较容易理解和掌握的。

以用为本不等于以人为本，只是以人为本的一个方面，人不是机械，是有思想、有感情、有自己心理需求的生灵。我们讲以人为本，除了满足人的使用需求以外，更应考虑人的心理需求及审美需求，也即是以心为本，而且以用为本所体现的价值往往远不如以心为本所体现的价值大。拿服装来说，穿休闲装绝对比西装革履舒服，但在婚礼等隆重正式场合，穿着休闲装的话，心里的隆重感得不到满足，显然是不合适的，可见以心为本有多么重要。

制砚应以心为本，又可分为低与高两个层次，低层次是对人心的迎合，高层次是对人心的引导。

对人心的迎合首先要分清对象，并对应而为，从而满足

不同人群的心理需求。也就是说我们在制砚之前，先需要明确欣赏或销售的对象。如果对象文化不高，喜欢吉祥如意的题材，那就没有必要去表现多么深的文化内涵，雕得喜气洋洋、热热闹闹也就是了；如果对象有一定文化，喜欢追求带有一些文化色彩的东西，那就可以设计些比较明显并且带有符号性质的文化标签上去，什么太极、八卦、梅、兰、竹、菊都行，只要雕得看上去很有“文化”就行了，或者雕点山山水水，表现回归山林的意趣，目前也很有市场，至于合不合砚道，问题不大。以上所述适用于商品砚。制砚者在制砚时，如果明确自己是在制作商品，并非进行什么伟大的艺术创作，是以经济效益来衡量其成果的话，也就没必要有什么文化的心理负担，只要雕刻得尽量细致一些也就是了，属于以心为本的低层次理解。

对人心如不是一味地迎合，而是主动地引导，则属于高层次的以心为本。一味迎合人心者，虽也是以心为本，但是被动的，是无自我的，虽可形成一点自己的面貌，但谈不上风格，充其量算是“漂亮”，谈不上“美”，更上升不到“审美”的高度、“美学”的层面，所以是低层次的。对人心的引导则是主动的，是有自我的，是不以悦人耳目为目的的，而是自然流露，引人向善，从而打动人心，余音绕梁的美，哪怕技法不是多么熟练，一样可以归为作品的行列，所以是高层次的。一方端砚，如古雅端庄、静穆温厚，案头相伴，望之可平心绪、静心神，发高古之悠思，抚之若能质相亲、手相合，如竹林之逸友，熏养文气，端正品德，则为大美，是高层次的以心为本，更是以人为本的精髓。当代端砚若想在传统的基础上有所突破，必然要提高对以心为本的认识，并以之作为将中国传统文化与端砚制作相衔接的思想基础之一。

打动人心

我们讨论端砚的审美，最终有一个审美目的的问题，即端砚审美需求对端砚价值的作用与影响。此处所讲端砚价值不仅是端砚的经济价值，还包括端砚的文化价值。

一方端砚如能满足人们的实用需求可以称之为器；如能满足人们的审美需求则可打动人心，人心既动，大美已生。也就是说，我们在制砚时根据自己审美原则体现出来的所有创意、所有构思、所有表现，综合在一起，目的只有一个，就是打动人心。如能让人怦然心动，为其所感，久久不能释怀，不论砚作大小，均是好作品；相反不管材料有多好，雕刻有多精，工程多浩大，如让人看后平平淡淡，无动于衷，自然是失败。当然，打动人心也是要看对象的，大概有四种情况：一是专家摇

● **一笑斋作品《力士金刚》砚**

制砚打动人心的手法与方式有多种，形式是一种。

此砚体大，正面不饰纹饰，简朴天然，充分突出了砚石的材质美，上方刻金刚经偈语："诸和合所为，如星翳灯幻，露泡梦电云，应作如是观。"望之如赫然古碑，朴厚古雅。砚背精雕力士金刚一尊，形象威猛，气势盎然，雕刻手法繁复，表现生动，与正面的简朴之风形成鲜明对比，从而达到翻转砚身，使人怦然心动的艺术感染力。这种大简大繁的形式，对比强烈，效果突出，较容易打动人心，如能做到简繁呼应，简而古，繁而精，则是高超境界。

● 一笑斋作品《力士金刚》砚背面

● 赵粤茹拓一笑斋作品《力士金刚》砚背面

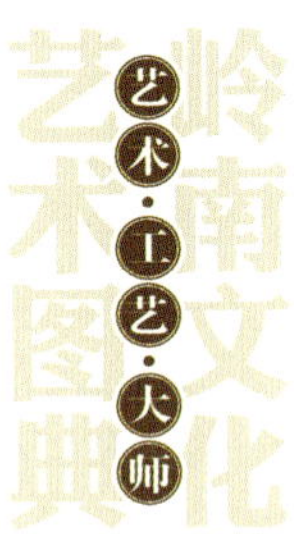

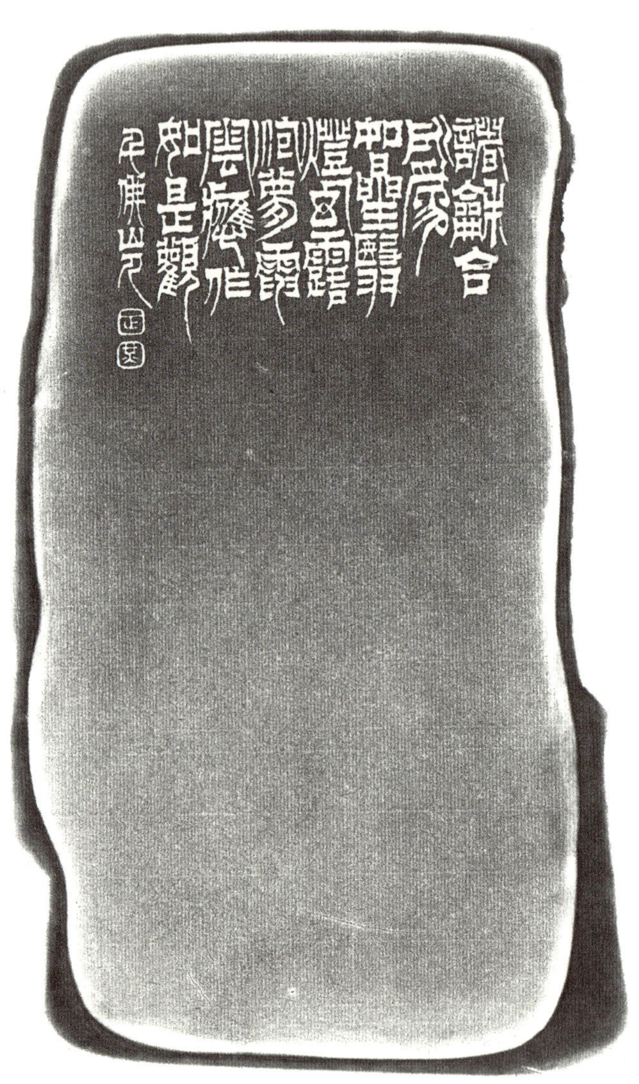

● 赵粤茹拓一笑斋作品《力士金刚》砚正面

头，群众鼓掌；二是专家摇头，群众摇头；三是专家鼓掌，群众摇头；四是专家鼓掌，群众鼓掌。第一种情况属于大众通俗类，有数量，但高度不够；第二种情况属于故弄玄虚类，文化高度不够，又脱离群众，不上不下，不雅不俗；第三种情况属于文化高端类，有高度，但数量不多；第四种情况属于文化及工艺高端类，是制砚工艺最理想的境界。对第一种情况，我们应看到其存在的合理性，并加以文化引导，逐渐提高。第二种情况，作品往往既不通俗，也不高雅，是各方面都不成熟的表现。第三种情况，数量不多，虽不是行业主流，但可代表行业的文化高度，其品格与价值也应远高于第一种情况。第四种情况，是制砚工艺的终极高端，代表端砚的高度，我们应大力扶持宣传与推广。工艺美术与纯艺术有关系但不完全相同。纯艺术注重艺术家的个性，对社会、文化、思想

● **程文作品《笑傲江湖》砚**

此砚为梅花坑砚石所制，体大多眼，程文挥刀劈巨鳍，分巨浪，勾画鳞甲，一气呵成，傲然四海王者形。此砚刀法老辣，造型独特，而最能打动人心的是气势，观赏此砚，无不被其痛快淋漓、大刀阔斧、吞山惊海的气势所震慑，人心焉能不动。

有较强的主动表现性；工艺美术则注重制作的工艺性，对社会、文化、思想属于比较被动的反映。从纯艺术的角度讲，也许第四种情况在现实中很难存在，第三种情况是理想中的较高境界，但从工艺美术角度来讲，第四种情况是存在的，而且应是最终的追求。

要想让端砚作品打动人心，除了遵循端砚工艺的审美原则外，还要注意以下两方面问题：第一，创作的动力需“真”。所谓“真”，一方面是感情的“真”，一方面是性情的“真”。所谓感情的“真”，指对雕刻的内容或形式是否真的认为其美，还是照猫画虎，虚情假意。比如目前流行的一些山水砚，本来山水题材表现的是一种归隐山林、超然脱俗的出世心态，如所雕山水砚是为了展览，为了拿奖，创作的动机与内容大相径庭，是不可能创作出什么旷世杰作的。所谓性情的“真”，指雕刻的手法与内容是否合乎本性，比如一个性格拘谨的人，非要去表现大刀阔斧的风格，无疑也不会有好结果。第二，创作的动机需“善”。所谓“善”，即为砚而砚，如果把制砚单纯地理解为争取社会地位，捞取政治资本的手段，其动机则不“善”，作品难免装腔

● 程文作品《笑傲江湖》砚局部

砚雕如有此气势，其艺术价值已经远远高于其材料价值。

● **赵粤茹拓程文作品《笑傲江湖》砚铭文**

此砚铭文：“气吞山岛惊四海，势压蛟龙倒三江。岂是堂前池中物，抖擞星汉傲上苍。”

作势，无病呻吟，丑态百出。在端砚制作上则往往表现为：以体大吓人，以玲珑迷人，以通俗娱人，以逢迎媚人，以获奖来糊弄人。

真则善，善则何以不美！一方端砚如能遵照真、善、美的原则去展开创作，焉能不大美天成，打动人心！这对于端砚制作者来说也许有些要求过高。但是如果连标准都不高，即便努力追求，水平又能有多高呢？何况目前社会给予端砚制作者很高的社会地位及文化地位，如不树立与之相应的文化审美高度，那么给予的地位越高则越空虚。

● 一笑斋作品《云梦》砚

图中此砚取材老坑精纯者，外形规整温和，周边起伏处理讲究，所雕云纹缠缠绕绕，悠悠荡荡，不见刀痕，有如生于砚石之上，沉静安详，望之使人有惘然如梦之感，从而达到了以韵致打动人心的效果，并可使人念念于胸，余音绕梁。

● 一笑斋作品《云梦》砚背面

此砚雕刻之所以韵致动人，与其雕琢的精心是分不开的。砚上云纹虽组织繁密，但云路清晰，有条不紊。更重要的是雕刻不见刀痕，圆熟而有精神，并能打磨至微，于极薄的起伏间表现出丰富的层次感。要达到此等效果，是非常耗费工时的，而且制砚者也需心平气和，澄念为之。

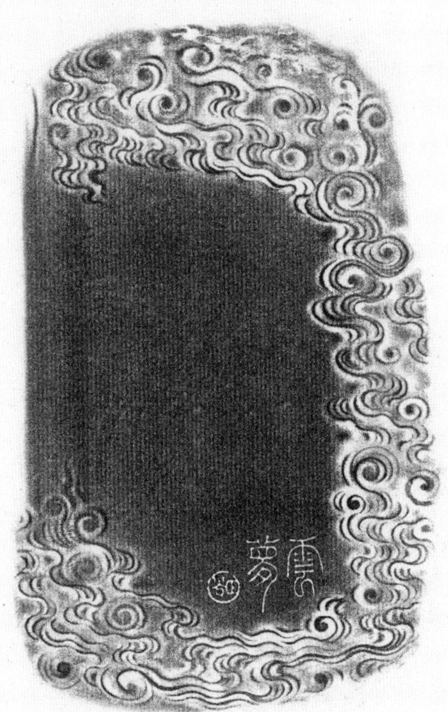

● **赵粤茹拓一笑斋作品《云梦》砚**

砚背以单刀小篆体“云梦”二字，大小位置与所雕纹饰组织协调，浑然一体。

● 一笑斋作品《青云朵》砚

砚大为宝，砚小为珍。图中此砚体型娇小，大不及三寸，却为一大块麻子坑狠心裁出，质地绝佳，握之极其滋润，手感不输和田美玉，而且砚堂还有一团完整的天青冻，清莹冰澈。制作方正挺拔，凹凸有致，让人爱不释手，可见砚的魅力不在大小，而在能否打动人心。

砚侧铭文："工简不失俊雅，体小乃是精华，清莹滋润，方正挺拔，叫人怎能不爱她。"

静穆温厚

“古雅为宗”是端砚审美的基本原则及正宗的审美取向，静穆温厚则是这种审美所体现出来的精神气质，也是一方好砚所应具备的精神气质。

砚石出自深山，经人工雕琢成砚，制砚者的精神气质也随之注入砚内，使砚具备了自己的精神气质，并凭借不同的精神气质打动不同的欣赏者与使用者。也许有人会问，普通的商品或旅游纪念品也有自己的精神气质吗？应该说只要是手工制作的东西，多少都带有自身的精神气质，只不过有的明显，有的含蓄，有的高雅，有的低俗而已。而且高雅的精神气质不一定明显，低俗的精神气质不一定含蓄，有时候越是低俗还越明显。

要分清端砚精神气质的高雅与低俗，我们不妨先将端砚分为商品与作品两类来讨论。商

● **程海锋作品《康乾风韵》砚**

制砚应有静穆温厚之气，不局限于简洁古朴的表现形式，精致雕刻如运用得当一样可以展现静穆温厚的气韵。图中此砚由传统辟雍砚演变而来，砚形规整敦厚，简洁大方，有厚重感与静穆之气。砚侧满刻博古夔龙纹，典雅雍容，可谓纳繁于简，静穆温厚之气油然而生。

典雅温厚
錦繡端莊
康乾風韻
紫玉玄光
千佛山人

● **赵粤茹拓《康乾风韵》砚**

此砚在静穆温厚的气质之中，还隐隐散发着康乾盛世的皇家气派，砚背铭文："典雅温厚，锦绣端庄。康乾风韵，紫玉玄光。"

品是拿来卖的，谈不上有什么自我，更谈不上有什么风格，只要客人喜欢，愿意掏钱购买就好，其精神气质可想而知，不可能多么高雅。作品则不是以买卖为目的，而是制作者自身感受的表现，虽因制作者各自修为的不同也有高低之分，但精神气质起码没有媚态，具备高雅卓群的可能，格调普遍高于商品。也就是说，作品与商品的根本区别是制作动机的不同，以“砚”为核心展开的创作，可成就作品；以“钱”为核心展开的制作，属于商品。作品也可以进入商业流通，但作品的本质不变。以“钱”为创作动机的商品，无论体积多大，技法多娴熟，材料多好，价格多高，始终是拿来卖的，难入大雅。作品与商品是端砚性质的不同，严格来说，价格也并不是评价砚台高低的唯一标准，再贵的商品也难登大雅之堂。

我们评价一方端砚作品的高低，应先品定其精神气质的高下，再看技法与设计等具体问题。好比一个人的形象，精神气质比五官长相、服装配饰还重要。本着端砚审美以古雅为宗的原则，端砚的精神气质应以静穆温厚为高，以浮躁刻薄为下。西方文化尚动，中国文化尚静，作为中国传统文化特有的端砚，静穆为其基本气质。案上之砚，视之如能使人心绪平静，默默相伴于左右，岂非丹青良友、文房雅器？若扭曲畸怪，张牙舞爪，心神浮躁，不容于文房清净，则无论想法多么多，技法多么高，材料多么好，都不足以改变其方向性的错误，这一点目前流行的大量随形砚当引起高度重视。西方文化偏于外向，中国文化偏于内向，作为中国传统文化特有的端砚，温厚为其基本精神。所谓温厚者，即不张扬，不冷漠，温文尔雅，含蓄内敛，庄重而不失亲和力，随和而不失傲然气。要做到这一步，制砚者一定要加强对中国传统文化的认识，需观史而有所思，读哲而有所悟，吟诗而有所感。

● **清　《纪昀铭那彦成赠砚》**（天津博物馆藏）

图中此砚方正中圆润肥厚，饱满中内敛温和，充分体现了静穆温厚的精神气质。

如能思古人之所思，悟古人之所悟，感古人之所感，理解中国文化之精神，并能容身其中，必然出手不凡。制砚者要想使自己的作品具备静穆温厚的精神气质，除了应加强对中国传统文化的认识与了解以外，还需放弃急功近利、急于求成的想法，老老实实做人，踏踏实实制砚。否则即便取得一些成绩，得到一些名头，也都是过眼云烟，难成大器。

制砚一道，历来为工匠所为，从业人员整体文化素质不高。如今砚台已逐渐从实用器物向工艺美术品转型，甚至出现了由工艺美术品向艺术品转型的趋势，国家为此也起到了积极的推动作用，比如各种工艺美术大师的评定与宣传在社会上热热闹闹，一些砚雕艺人获得了比之以往要高得多的社会地位，这无疑是好事，但随之而来的浮躁心理也迅速蔓延，并体现于大师们的作品中。制砚者的地位提高了，其相应的文化修养也应提高，也就是说，大师的头衔下还应具备大师的素质，否则就是把一些庸俗低级、浮躁刻薄的端砚硬捧到一个人为高度，也是沐猴而冠，自娱自乐而已。所以，提高文化素质，加强对中国传统文化的认识，好好学习，踏实制砚，是当今端砚制砚界应引起重视的问题。

● **清　《犀牛望月》砚**（故宫博物院藏）

图中此砚砚堂开阔，砚边肥厚，纹饰雕刻含蓄圆熟，刚柔相济，静穆温厚。

简朴归真

制砚静穆温厚的精神气质主要通过简朴归真的表现形式得以体现。简朴不是简单、简陋，也不是笨拙、粗野，而是扎根于深厚的文化基础，不做作、不虚假、不浮华的真诚表达。简朴而归之本心，是为真，真则善，善则何以不美，诸法皆如是，砚道亦然，端砚亦然。所以遵循简朴归真的表现形式是合乎砚道的。

关于简朴归真的内涵，可将简与朴分开来看。简不等于简单，而是对复杂的提炼，是浓缩的概括，不是苍白的无知。简而清，清而静，如加之文养，是为静穆。比如平板砚，可谓简单至极，但是要做好平板砚其实有很高的难度，目前有些“大师”可能还不明白平板砚的内涵与工艺讲究。此外简也不等于简陋，不是雕得少就是简，而是概念的简。所谓概念的简即以砚为本，不需要强加给砚过多内涵或思想，力求历繁华而归于平淡。比如云纹砚，虽可雕得丰富，但立意简约，仍不失文雅，如再雕上龙，刻上凤，处理不好反而容易流于市井。至于朴，则是朴而拙，拙而厚，如加之文养，是为温厚。朴不等于野，野则粗，粗则俗，非正道，这一点在某些砚种中有所存在，在端砚中并不明显。相反相对于朴，巧的问题却在端砚中广泛存在，当引起高度重视。

随着端砚由文具越来越向工艺品转变，加之岭南文化那种热闹外向的审美习惯，端砚面貌在当代越来越花

● 一笑斋作品《星云》砚

道生一，一生二，二生三，三生万物，万物幻化，终归于一。凡事多由简而繁，复归于简，砚道亦如是。制砚最基本的功夫是磨平板，而平板砚又是对材料要求最高、工艺难度极大的砚式。平板砚全身光素，材料的品质一目了然，砚石如有明显瑕疵，或有断纹裂痕，无法用雕工遮掩，相反如材料美艳动人，也能充分显示，自然之美得以彰显。平板砚的制作粗看平平无奇，但如要制作精准则工艺难度极高，差之毫厘则谬之千里，主要体现在以下几方面：一、正面与底面，左右侧面，上下侧面都需平行，而且每个面都要形成水平。二、十二条砚边要挺拔起锋而不刺手，既能收得住墨又有弹性。三、砚体各面的二十四个角要均为标准的90度。以上三点是具体工艺要求，还有两个问题则需用心体会，第一，平板砚虽不雕不琢，但视之应有"器"的感觉，而不是一块料，或者一块砚璞。第二，平板砚砚堂平面如工艺达标，视觉上会有内凹的感觉，从而达到聚气的视觉效果。从审美角度讲，平板砚将自然、人文之美得到充分体现，两者既各尽其妙又结合自然，集儒、道审美于一体。平板砚至简至极，至静至极，大巧归朴，万法归一，可谓制砚的经典款式。

图中此砚是由数百斤重的大块坑仔岩裁切而出，石质纯净滋润，无格无裂，上有大片罕见的冬瓜瓤青花，石品明确而有代表性，视之如星云浩渺，空间广阔。

俏，越来越繁杂，与古雅的审美、静穆温厚的精神气质越来越远。也许是受到南岭地理上的阻隔，虽然山那边已是口诛笔伐，而山这边依然悠闲自得，并沉迷于小范围内的各种比赛与奖项。目前对于制砚，大江南北一片简朴的呼声，端砚界尤应引起重视。

● 一笑斋作品《鸿蒙初始》砚

图中此砚工艺简约精致，为端砚老坑石制成。砚面中天青底上鱼脑冻徐徐而升，下方有青花凝结，纹理变幻。砚侧铭文：“清气升，浊气沉，元气聚，天地分。鸿蒙初始，方寸乾坤。”既交代了石品的特征，又大大丰富了此砚的内涵。可见简约不等于简单，相反如能化繁于简，寓乾坤变化于平淡无奇中，则为大道。

● 《云卷云舒》砚（拿云楼藏）

简朴归真不只是形式上的简单，还包括立意上的简。图中此砚虽云纹繁密，却立意简约，给观者留下了广阔的想象空间，从而能产生人与砚的交流。

● 拿云楼作品《顽石》砚

简朴的朴，不是粗，更不是野，而是在历尽繁华之后，归于自然，在化繁为简的过程中体现出天真与从容。

制砚误区

讨论端砚的审美，既要明确何以为美，还要明确何以为丑，目前端砚制作存在的突出问题，概括起来有以下几种。本着对端砚行业善意引导的态度，本节只讲问题，不以图片举例，特此说明。

第一，有雕无砚

所谓有雕无砚即忽略端砚作为使用器物的基本属性，炫耀雕刻，忽视砚道，以石雕摆件的标准来制作砚台、评价砚台。往往制作出来的东西，砚台不是砚台，摆件不是摆件，美其名曰观赏砚，其实不如称之为观赏品，称之为“砚”，实属牵强。

制砚的正确思维应该是立足于砚，附加雕刻。制砚时，面对一块砚石先不要急着考虑雕什么，应先考虑如何将砚石修整为砚。边边角角之地、起起伏伏之处应如何处理，使之体形端正，砚堂饱满，收放有度，拿握合手，合乎砚道，然后再考虑在其上雕刻什么纹样。当然，两者也可以交叉考虑，共同设计。也就是说，把砚体做好是制砚的基础，纹饰雕刻是附着在砚的形体上的，砚体如果问题很多，纹饰再精美也不能算是好砚，与“皮之不存、毛将焉附”的道理一样。但对于砚体的了解与讲究，不像雕刻那样容易一目了然，那样引人注目，目前端砚行业普遍不受重视，精力基本投入到自我表现的雕刻中去了。很多所

谓获大奖的砚，也会出现比例不当，体形怪异，线条粗糙等制砚的低级错误。

有雕无砚是目前端砚制作中存在的比较致命的误区，如不加以重视，则行业虽然好像繁荣了，但砚道却渐渐被雕刻摆件所替代，不自觉中逐渐消亡。也许有人会说，现在都不用砚了，砚台往摆件上发展不也是一条出路嘛。如果其他砚种有此论调，尚情有可原，作为“诸砚之首”的端砚则大不应该，端砚因拥有“诸砚石之首”的端石而天下第一，如不比做砚比雕刻，则失去了自然地理优势，又如何同玉雕、青田石雕、寿山石雕等纯粹的工艺雕刻相比呢？所以把端砚雕得具有一点摆设性，或可带来一些短期效益，但终是“鸦片”，虽可暂时缓解阵痛，却会长期蚕食我们的身体。端砚要想健康发展，还是要立足砚道，否则就会本末倒置，失去自我。

第二，石上作画

砚是一种立体的器物，设计时应具备立体的思维，先考虑砚的形体美，再考虑纹饰的布置。我们在研究古砚时就会发现，古人制砚对于砚的侧面及底面一般都会有一定的处理，虽然处理的水平有高低，但工艺程序还是有的。比如砚背面，古砚大都开有底铭，一是对题刻的铭文起到保护作用；二是可以避免砚体与桌面完全平面接触，留有一定密闭空间，从而增强研墨时的稳定性；三是增加砚的形体起伏和视觉厚度。目前制砚一般背面磨平即可，基本不作处理，精力大都着眼于砚的正面，开不开铭已无所谓。砚体也只相当于画纸而已，厚与薄的意义都已经不大了。在这种平面制砚思维下做出来的端砚，不管雕刻得多么精细，大都显得轻薄，无敦厚之美。

在砚石上作画的现象之所以会比较普遍，主要是对砚的理解不够所致。一般情况下，很多人会将制砚与绘画等同起来，其实两者有关系，但不一样，其共同点是都要具有一定的美感及文化基础，而主要区别有两点：一、绘画与制砚，一个是纯艺术，一个是工艺美术。纯艺术不用考虑实用需求，工艺美术应以实用需求为前提。在器物的本质属性与美术装饰两者之间，美术装饰应服从于器物的本质属性。拿制砚来说，不管刻什么图案，先要保证砚的基本功能与特征，否则就不是砚了。二、绘画是平面思维，制砚是立体思维，两者思维方式也不一样。制砚者的美术造诣深，可以提高对砚的认识，但美术造诣深不一定就代表对砚的认识也深，因为制砚不等于在石上作画。

第三，玲珑媚巧

制砚应以简朴归真的表现手法，追求静穆温厚的精神气质，从而达到古雅的审美追求。但目前在端砚界以精细为高明、以繁琐为追求的制砚理念却大有市场，所制之砚玲珑剔透，穿墙过枝，吹之欲断，抚之欲折，到处是沟沟坎坎，如若使用，涤墨可不是件容易的事。其实精细也好，繁琐也好，都是为了取巧，如文养深厚，尚可有巧妙之趣，如以巧媚人，则绝非大雅之道。何以为以巧媚人呢？即不考虑砚的使用需要与整体的造型审美，纯粹以炫耀精巧的技艺为目的，不注重砚体的研究与制作，而将精力放在雕龙须不断，雕瓜藤相连的局部技巧上，虽也消耗了大量心神，但终非正道。

在纯艺术中，"巧"从某种角度上来说，是贬义词。工艺美术与纯艺术不同，以巧求艺，也是一法，比如巧雕、巧色等工艺手段。但砚为文房雅器，生于斯文地，卧于书画乡，与笔墨丹青长相厮守，是工艺美术里文化艺术含量很高的门类，有着高于一般工艺美术门类的审美标准与文化含量，这一点从历代砚学著作之丰，砚铭诗文之广，以及文人砚的繁荣与成就可加以说明。纵观中国工艺美术史，没有几个工艺门类在论著的学术高度及文人的参与深度上可与砚相比，可见砚虽为文房器具，却可称学论道，渐成文化。

玲珑媚巧的砚台何以格调不高呢？除了砚台文化属性的需求外，还有三点美学原因：一、求巧往往聚精会神，一丝不苟，虽可精致规整，却也有失随意，难得自然。二、求巧往往效果趋于单薄，敦厚不成，难登大雅之堂。三、求巧往往功利心较重，常有极巧惊世、追名逐利的创作动机，故有失纯真，难成大

美。玲珑媚巧既非大雅大美之道，格调自然不高，端砚制作如沦落玲珑媚巧，自然也难称高雅。

第四，繁而不精

与玲珑媚巧相伴随的问题，就是繁而不精，即繁杂有余精致不足，主要体现在造型与制作两个方面。从造型角度来说，主要是繁杂的问题；从制作角度来讲，则主要是精致不足的问题。繁杂指单调的堆砌，简单的重复，凌乱的组织，机械的表现，热闹而缺乏秩序，零碎而有失整体，看似复杂，实则简单的形象表达。虽可在一定条件下满足一些低层次的审美需求，但却极易落俗。至于制作的精致，不完全等于精细，而是包含工艺与意味两重标准。砚雕的工艺包括：砚台线条的弹性、砚面的平整、落潮的饱满度、打磨的细腻度等问题。至于砚雕的意味则是精致的深层次标准，关乎一方砚独立精神气质的形成与否，比如雕云纹，或悠闲，或激荡，或缥缈欲飞，或势隐雷电，各尽其味，各显其美，从而打动人心，是为精致。如雕的线条畏缩，层次单薄，说悠闲不悠闲，说激荡不激荡，即便再精细，也味道难成，谈不上精致。所以精致不光是制作工艺问题，还深受文化审美的制约。

相对于繁而不精，如果繁而精又当如何呢？比如一方砚在制作上，内容丰富，组织得当，雕刻细致入微，又意味感人，当然也是好砚，甚至可成大作。繁而不精与繁而精的“繁”，含义不同。审美形式从不同角度讲，可分为很多相对的形式，比如动与静，柔与刚等，简与繁也是一种。这些相对的形式，没有孰美孰丑之分，如各尽其妙，均可成就自身之美。所以在制砚上，简是一种审美形式，繁也是一种审美形式。出于砚作为文房雅器的文化属性，简自然是主流，但也不能排除繁，但要繁而精，不要繁而不精。而且，如真能做到繁而精还可营造出雍容典雅、富丽堂皇的庙堂之气，也是大美之道。

第五，重雕轻磨

工艺美术里有“三分雕工、七分磨工”的说法，即雕刻一件工艺品，如需花费十天时间，其中三天时间拿来雕刻，七天时间拿来打磨。如此分配工作时间或许有些机械，但却说明两个问题：一、打磨是雕刻工艺的一部分；二、打磨是雕刻工艺的重要部分。

目前端砚制作成行成市，从业队伍庞大，行业分工越来越细，这对于加快工作速度，提高端砚产量当然是有益的。但工艺美术品的制作，尤其是高档工艺美术作品的创作不完全等同于工业产品的生产，流水线式的生产模式并不完全合适。就拿制砚中的雕刻与打磨来说，如果在完全不沟通的情况下，由两个人分别完成，因为对砚的认识不同，尤其是对线条变化与细部处理的理解不同，则很难统一。一般商品，分工进行无可厚非，但如果是大师作品，则应雕刻与打磨一人完成，这样才能保证作品的统一性与完整性及端砚制作的精度。所以打磨是端砚雕刻的一部分，雕刻是造型手段，打磨则是对雕刻的进一步微调，也是造型手段。有的时候还要边雕边磨，甚至雕雕磨磨，磨磨雕雕，反复进行，其中奥妙，制砚到一定境界，方可感悟。

在端砚制作中，雕刻技术含量好像比较高，打磨技术含量好像比较低，所以历来存在重雕轻磨的现象，具体在工费上就有明显体现，目前雕一方砚的工费几千块钱是很普遍的，但哪怕是几万、十几万，甚至几十万的砚，打磨的工费超过一百元就算高了。因此雕砚者大都不齿于自己打磨，而打磨者也大都敷衍了事，宁可打磨十个粗糙的，不愿打磨一个细致的。很多所谓的精品砚，打磨都不过关，如不上蜡掩盖，则到处都有刮砂痕。这种现象，关键是对端砚制作中打磨的重要性认识不够。打磨得细致，一则可以充分显示端砚材质的欣赏性；二则可以增强端砚的把玩性，拉近人与端砚的距离；三则可以减少端砚的火气，增加砚的静气。这三点既牵涉到材料又涉及审美，足见打磨对于制砚的重要性。

第六，故弄玄虚

端砚制作中除了前面提到的五类长期普遍存在的问题，目前又有一种新的问题在慢慢滋生，即故弄玄虚。近年随着端砚

文化的重要性被普遍认同，一些制砚者也自觉不自觉地尝试着在制砚时体现文化，并以此为荣，加以标榜，以文化人自居，逐渐将制砚作为表现个人思想的手段，往往通过这样那样的形象与符号，代表这样或那样的哲学道理，在小小的一方砚上，恨不能把所有的人生观、世界观全部表现出来，并期望对砚的使用者及观赏者产生极大的教育意义。这种情况听上去好像很有文化，也不失为一条制砚之道，但却存在着两个致命问题：第一，砚与人主次关系的颠覆。砚为人使用之器物，是石友，不是石师，不存在教导人的功能，而应以人为主，默然相伴，映照主人精神。标榜砚的人生教育意义或者社会教育意义，颠覆了人与砚的主次关系，砚的定位错了。第二，哲学思想的表面化。目前此类炫耀文化的端砚，往往借助于有形的符号来代表不同的哲学概念，以此表现自己思想的深邃，知识的渊博，其结果却往往搞得欣赏端砚犹如猜谜，如猜得出这些符号代表什么，水平就高，猜不出，就是没有文化，砚道被扭曲了，哲学被表面化了。

砚雕有没有哲学问题呢？哲学无处不在，砚雕当然也是有的，但以符号化的直观形象出现，并不高明，也不深刻，如能通过哲学所支撑的审美加以体现，则不失为大雅之道。比如将八卦、太极雕到砚上，远不如以简朴归真的表现手法，塑造具有道学意味、天然古雅的审美效果高明与含蓄。可见哲学固然是文化的核心，但是需要消化的，而砚不是哲学，只是哲学的消化方式之一。因为以上两个致命问题的存在，这类故弄玄虚的端砚，或可哗众取宠于市井之中，但终难登大雅之堂，更谈不上有什么深厚的文化价值。

样式题材

谈论端砚审美，必然要谈到端砚的样式与题材。理解不同样式与题材各自的审美原则与工艺标准，是正确把握并表现端砚审美的基础。

端砚的样式从大处上分，可分为正形砚与随形砚两大类。古砚多正形砚，今砚则以随形砚为主。正形砚的人文因素很强，对于砚的造型及纹饰带有强烈的人为主观设计性，并形成了不少固定砚式，比如箕形砚、抄手砚、淌池砚、平板砚等。随形砚讲究随形妙想，外形各有不同，难以分类，区别主要体现在雕刻的题材上。当代端砚题材主要包括：吉祥如意、云龙瑞兽、鸟语花香、山水楼台、人物典故五大类。其中雕刻吉祥如意的题材应注意表达的含蓄与手法的巧妙，避免贪财好利思想，不要将美好的愿望变为低俗的奢望。雕刻云龙瑞兽题材应注意

● 吉祥如意类端砚《腾龙呈瑞》砚

● 云龙类端砚，梁满雄作品《苍龙教子》砚

● 花鸟写实类端砚，程八作品《喜盈门》砚

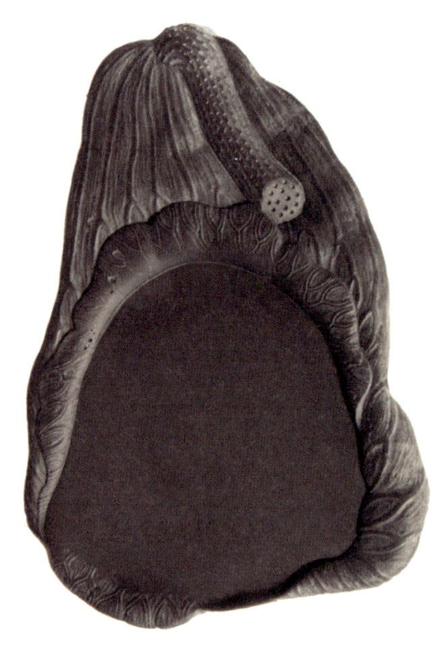

● 花鸟画意类端砚，莫少锋作品《卧听江湖烟雨声》砚

不要雕得过于霸道张扬，避免凶狠残暴的形象，力求威而不露、沉着自信的王者风度。雕刻鸟语花香类的题材，则有两种类型：一是追求写实；一是追求画意。追求写实者贵乎有生气，功夫在于观察；追求画意者贵乎有风韵，功夫在于学养。雕刻山水楼台题材与雕刻鸟语花香题材不同，造型基本源于绘画，而且是中国传统山水画。力求组景构图独特而不失章法，雕刻上如能体现中国传统山水画的笔法则为高手。同山水楼台类端砚一样，人物典故题材端砚的雕刻，造型也是源于中国画，基本不以体块的塑造为手段，而是以中国传统造型中以线带面手法。如将砚台上的人物像西方雕塑一样表现，是错误的。以上五类题材中，吉祥如意、云龙瑞兽、鸟语花香三类是传统的主流，山水楼台、人物典故两种是目前的主流。山水楼台类，又称山水砚，在高、中、低市场上均为主导，可谓风光独好；人物典故砚则基本上处在高端市场。两者虽为目前主导，但却容易犯有雕无砚、砚上作画的问题，设计时应引起高度注意。另外，在正形砚里，以上五类题材也有运用，并在五类之外还有一种以传统纹样为题材的装饰手法，主要以夔龙纹、博古纹等纹样为主。

● 山水类端砚，梁满雄作品《涤山川》砚

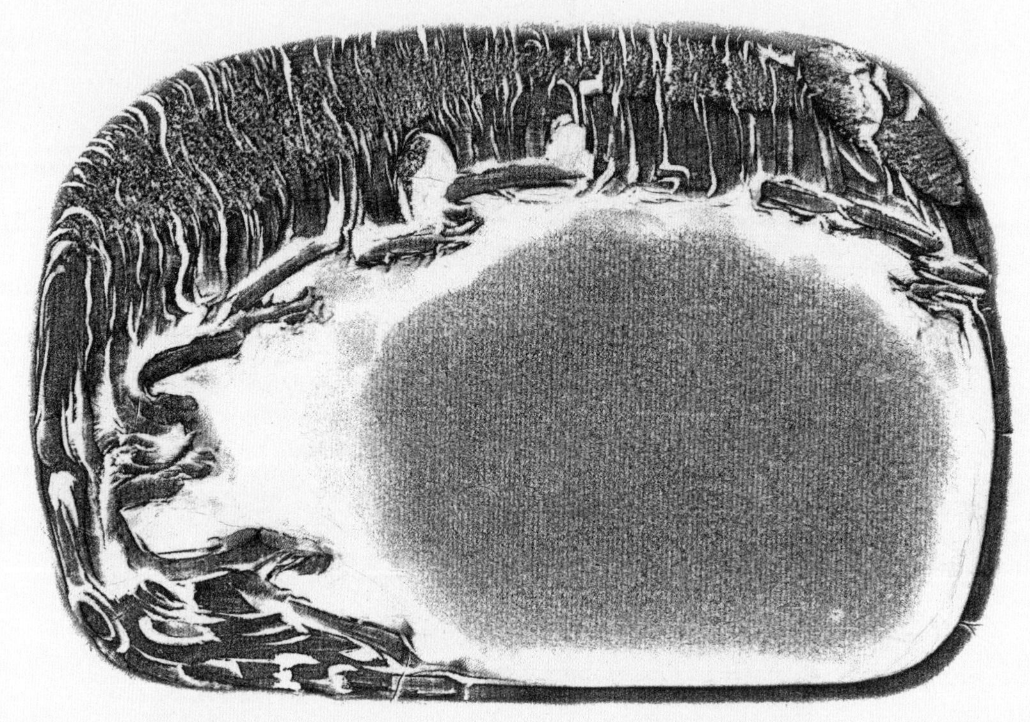

● 赵粤茹拓程文作品《小径空》砚

此砚上方山石用刀，颇有笔意。

● 典故类端砚，梁成志创意《知音》砚

● 典故类端砚，梁成志创意《虎谿三笑》砚

端砚的样式，在正形砚与随形砚之间还有一种类型，既有正形砚的形式，又有随形砚的形式，制砚理念也非儒、道二途，而是追求情趣，注重模仿，就是象形砚，也叫仿生砚。如模仿对象形体规整，比如古琴、铜镜等人工器物，则属于正形砚；如模仿对象形体天然，比如白菜、苦瓜、蘑菇等生物，则属随形砚。这类砚台往往趣味性比较强，容易被人接受，目前在端砚的制作中为数不少。

● 象形砚正形类端砚，程八作品《蚕桑》砚

● 象形砚正形类端砚，程八作品《缶》砚

● 象形砚随形类端砚，孔繁星作品《知足》砚

● 清　象形砚随形类端砚《叶》砚（十都书院藏）

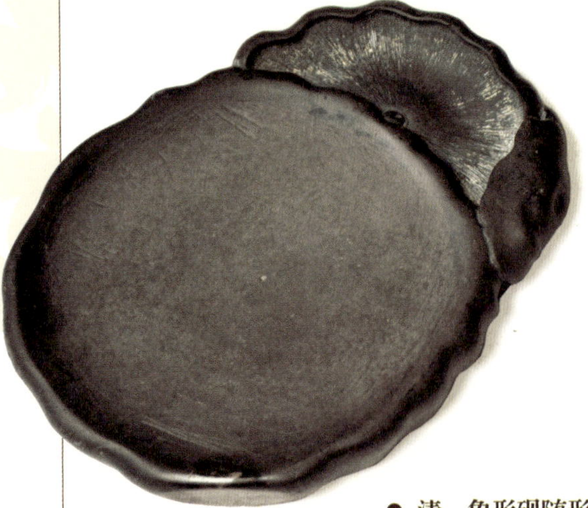

● 清　象形砚随形类端砚《菌》砚（三省堂藏）

端砚制作

端砚的制作伴随端石的发现与使用而产生，传承有序，历史悠久，形成了自己一套完整的制砚方法。随着历代制砚者的不断实践与归纳，总结出了很多技巧，形成了一些规矩。近代随着机械工具在端砚制作中的大量运用，端砚的生产效率提高了，但传统手工制砚的技艺却面临着失传的危险，对于端砚传统技艺的保护与研究是端砚继承与发展的重要核心内容之一。本书所讲端砚制作问题，基本是立足于端砚传统制作技艺而言。

运用机械工具制砚，可分为机制与电脑雕刻。机制指大量利用机械磨机等机械工具，手工制作的制砚方法，为目前端砚制作的主流。用机械磨机制砚和用刀、锤等传统手法制砚还是有很大区别的。用机械磨机制砚，砚的细致表现力不够，且缺乏亲和力与人情味，普通产品尚可，如是具有一定高度的端砚作品，则应尽量避免运用机械，因为评价欣赏一方砚，不光看设计与构思，还要看制作工艺。传统制砚基本功扎实的情况下运用机械磨机制砚，与不具备传统制砚基本功的情况下运用机械磨机制砚，做出来的效果也有不同。电脑雕刻则是利用电脑技术雕刻砚台，因表现力基本局限于平面，目前尚不普遍，但随着电脑技术的发展，也许以后用电脑所刻的砚台将会大量充斥端砚低端市场，成为行业主流，对此我们应以正确的心态去面对。今后端砚的高端和低端市场，不光在砚料上有高低差别，在制作方法上也会有本质的区别。

制砚工具

端砚制作的工具主要是刀与锤，端砚制作的功夫也正体现在这刀、锤之间。刀主要有平口刀、圆口刀、起线刀三种，平口刀与圆口刀根据刀口的宽窄有大小之分，起线刀则是刀头呈“T”字形，运用时以手固定刀头露出的长短画出宽窄不等的边界轮廓线。锤主要有两种，一种有方形铁头，一般用来琢大面，修大形；一种没有铁头，就是一条较硬的长条木棒，一般用来雕花。以前老一代的砚雕艺人多半能自己制作刀具，目前在肇庆有多家专门制作并销售刻砚刀具的商店，一般来说，已不需要制砚者自己制

● **制砚的工具**

图中为端砚制作的主要工具，右边是木槌，左边是铁锤，中间由左到右分别是大平口刀、大圆口刀、小圆口刀、小平口刀、平口铲刀。

刀，这也是端砚分工日益细化的表现。除刀、锤以外，在制砚中有时还会用到锉，圆锉与平锉一般都需常备。

在端砚制作工具中，有一个小配件，小巧简便，有多种用途，并为端砚所特有。这种小配件一般是在长不足10厘米的木质长方体上方与下方凿一到两个直径略大于刻刀刀柄直径的圆孔，名叫卡子或者凿卡。使用方法为，雕刻时将刻刀由其圆孔穿过，并稍稍错位，卡住刻刀，握住刀柄和卡子推动刻刀，可大大提高走刀的力度，还可根据雕刻需要，自由调节，灵活运用，所以这个小工具虽不起眼却很重要。

● 运用卡子与"T"形刀起线示意图

● **角尺测量**

制砚工具除了雕刻工具，还包括检测工具。检测工具的准确度直接影响制砚的工艺精度。

● **程文工作台**

程文大师惯于在台面上制砚，一方砚自始至终均在台面上捶打而成。

● **程八工作台**

程八大师长于落地做光身，基本上是坐在地上制形，然后再在台面上雕花。

开料搜石

砚石从山里开采出来，一般在搬下山来之前为减少搬运的难度，往往在坑口外面就已经大致修凿过了。将砚石切割成可供制砚的片状，裁切出大体砚形则一般在砚石搬下山后进行。界石时一般先凿出要切割的线路，再由两人各持大锯两端来回推拉进行切割。现在已很少用这种传统方法界石，有专门的界石房运用机械切割机开料，效率大大提高。

● **传统的开料方法**

端砚传统的开料方法为艺人一边拉锯一边往石缝中加入一些沙子，以增加摩擦力。

● **界石房**

现在端砚界石基本已采用机械工具，图为界石房内景。端砚行业发展健全，分工明确，有专门从事界石工作的界石房，制砚者大都已经无需自己界石了。

砚石在切割前后都要经过搜石这一步骤，所谓搜石就是在砚石上搜索好的石品或好品质的部分。端砚的一些好石品，比如鱼脑冻、天青、石眼等，一般以立体形态存在于砚石中，开料时如开在其面积比较大的截面，那砚堂的石品则会醒目突出，如开在面积比较小的截面，砚堂的石品则会相对逊色，砚的价值相应也会低很多。如何一刀下去，开得恰到好处，将砚石的最大魅力充分体现，则完全依赖砚工多年的相石经验。

● **搜石追眼**

图中为一麻子坑砚料，质地不错，但没什么突出之处，经细心搜石后，搜出一清莹石眼，材料价值随之也得到进一步提升。

落地光身

端砚制作经开料搜石以后，进入做光身的过程。做光身是端砚艺人对砚台形体雕刻的俗称，历来有“光身工”之称，是端砚制作过程中最显功力的步骤，工艺技巧很多，并需要长期训练。一方砚台做得好不好，形体是基础，“光身工”是关键。从一定意义上讲，做光身的水平如何，是评价一位砚雕师傅水平如何的主要依据。传统做光身，功夫全在刀、锤之间，为方便制作，一般以半蹲半坐的姿势在地上雕刻，并总结出一些方便合理的姿势，俗称“功夫位”，所以又有“落地做光身”的说法，简称“落地光身”。

“落地光身”可以说是砚雕工艺的核心技术，因砚材的结构、软硬度及制作历史等多方面的区别，有的砚种功夫偏于磨制，刀功薄弱；有的砚种没有刀功传统，基本用机械。端砚制作因历史悠久，传承有序，“落地光身”的功夫在全国各砚种中可谓独占鳌头，远非其他砚种可比，所以抛开审美等元素，纯粹讲制砚的技艺，端砚无疑也是各砚种之冠。

端砚雕刻入门学徒先学“光身工”，“光身工”学扎实了，再学雕花。老一辈砚雕艺人大都能在挥刀舞锤之间，塑造形体各异、饱满规矩的各样砚形。时下随着大量机械工具的运用、市场需求的变化及行业流行等原因，年轻的制砚学徒，一入门往往大都不练“光身工”，而是直接

● 程八做光身示例

端砚制作中做光身是基本功，制砚工匠们一代代总结了许多经验，并形成了一定的规矩。目前随着制砚中大量机械工具的运用，传统的制砚技艺面临一个如何继承的问题，能够以传统方法制砚的师傅在中青年砚师中已非常少了，年已六旬的程八大师，可以说是这方面现存最杰出的代表，其做光身的功力已入化境，不在古人之下。图为程八大师在做光身，其中各种姿势均大有讲究。

雕花，学一两个月，就开始雕砚卖钱了。端砚"落地光身"的功夫在没落，端砚制作技艺的优势在减退，制砚的核心工艺在消亡。这种情况应引起端砚界乃至整个砚界的高度重视。原因有三：一者，文化有其纯粹性与传承性；二者，工艺有其独特性与技术性；三者，机械工具虽然也可塑造标准形体，但在器物的亲和力、力量感及线条的弹性与生命力上，很难达到用刀、锤手工捶打出来的效果。

● 做光身基本刀具

做光身基本刀具主要是尖刀与平刀，图中右为平刀，中为小平刀，左为尖刀。

● 程八作平面示例

制砚先需整形，琢平面则是整形的基本功。图为程八大师在演示砚石琢平面的工序。先用尖刀捶打，去掉原石棱角，找出基本大面，再用平刀琢打，琢出基本平面，最后用平口铲刀找平。其中以第二步最显功力，需腕力均匀，运刀自如，打出的琢痕清晰均匀，整体平行。

● **程八作品《余节》砚**

图中此砚为抄手砚，特余两侧琢痕，以为后世者鉴。

● **程八作品《余节》砚侧边琢平面**

图中所见琢痕呼吸均匀，如以玻璃板测量，也非常平稳。目前国内有些名气很大的制砚名手，观其制砚过程，琢痕乱七八糟，根本谈不上工艺，只能说是在去石头而已。砚台虽可利用磨机等手段把形体做得较为规整，但砚形的力度无法与打出来的砚相比，实非制砚正道。

● 赵粤茹拓程八《余节》砚

● **程八作品绿端水滴**

图中水滴造型别致，叶瓣最薄处可以透光，为程八大师琢打而成，是光身功夫的高难之作。

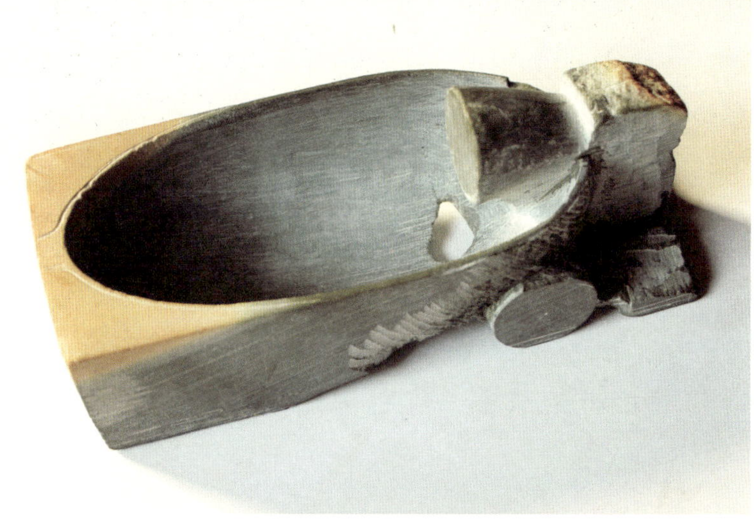

● **程八作品《墨筐》砚**

制砚遇到直的问题可以用戒尺，遇到圆的问题可以用车床，而椭圆的形体就依靠不了机械工具，要靠手下功夫了。图中此砚是一件充分显示光身功夫的作品，砚仿一小筐，形体为椭圆形，而且是立体的椭圆形，其正面、底面、侧面均是对称的椭圆，砚于匣内，无论正放、反放还是倒过来放都很合体，是程八大师制砚的一绝。

● **机械磨机**

图中手握型的机械磨机，是目前端砚制作最为普遍的机械工具。

● **机械磨机运用演示**

端砚制作中对于机械的运用，也要经过训练才能熟练掌握。广东省工艺美术大师梁满雄先生不但传统制砚基本功扎实，对于机械工具的运用也颇为擅长。图为梁满雄大师在用磨机制砚。

● **程文制砚照片**

端砚制作中“雕砚”与“刻砚”有所不同，是两种不同的制砚手法，两者可单独使用，也可交叉使用。

雕砚指一手握刀柄，一手执木槌，指、手、腕、肘、肩、腰同时运动，以木槌击打刀柄来进行制砚。雕砚时腰部尽量挺直，上身发力，左右双臂协调运动，并有一定的刀法套路。

当代制砚大师程文，可谓雕砚的杰出代表，其一刀在手，横击竖打，左砍右劈，刀锋圆转变化，苍劲有力，已达到运刀如笔、气脉贯通的境界，将砚雕艺术上升到一个新的高度。

雕刻功夫

砚的光身做好后，进入细刻雕花过程。为便于雕刻，与“落地光身”不同，端砚雕花一般都在台面上完成。

端砚雕花有平雕、浮雕、高浮雕多种形式，形式不同手法也有所区别，主要是雕与刻两种。所谓“雕”，手法类于做光身，雕刻者一手执刀柄，一手执木棒，捶打制作，在浮雕与高浮雕的制作上运用较多，是砚雕师傅雕刻技艺的重要体现，并形成了很多不同的刀法。“刻”是不用木棒捶打，而是直接握刀雕刻。

雕与刻两者，一般先雕后刻，也可交替进行。雕功用的是腰力与腕力，制砚者需上身协调运动，功夫在于腕底的灵活自如，气脉通畅。当代砚雕大师程文在这一方面已经达到以刀代笔、运气自如的境界，观其制砚，可于捶、打、震、断、劈、砍、勾、撩之间，大开大合之中去石飞刀，塑造出满眼活泼，一片生机，将砚雕技艺“雕”的功夫推到了极致。与雕功不同，刻功用力则在手臂与五指之间，如功力深厚，也可成就阳刚之气，但一般来说，刻功在于精，需静心沉气，耐心为之，应有一丝不苟的态度及铁棒磨成针的耐力。

● **程文《叶卷秋风》砚**

图中此砚取材端石老坑，色沉而蓝，程文随形就势，大刀阔斧间不失巧妙安排、灵活变化，每每观之，都有好像从雕刻台上刚刚取下的感觉，生机盎然。

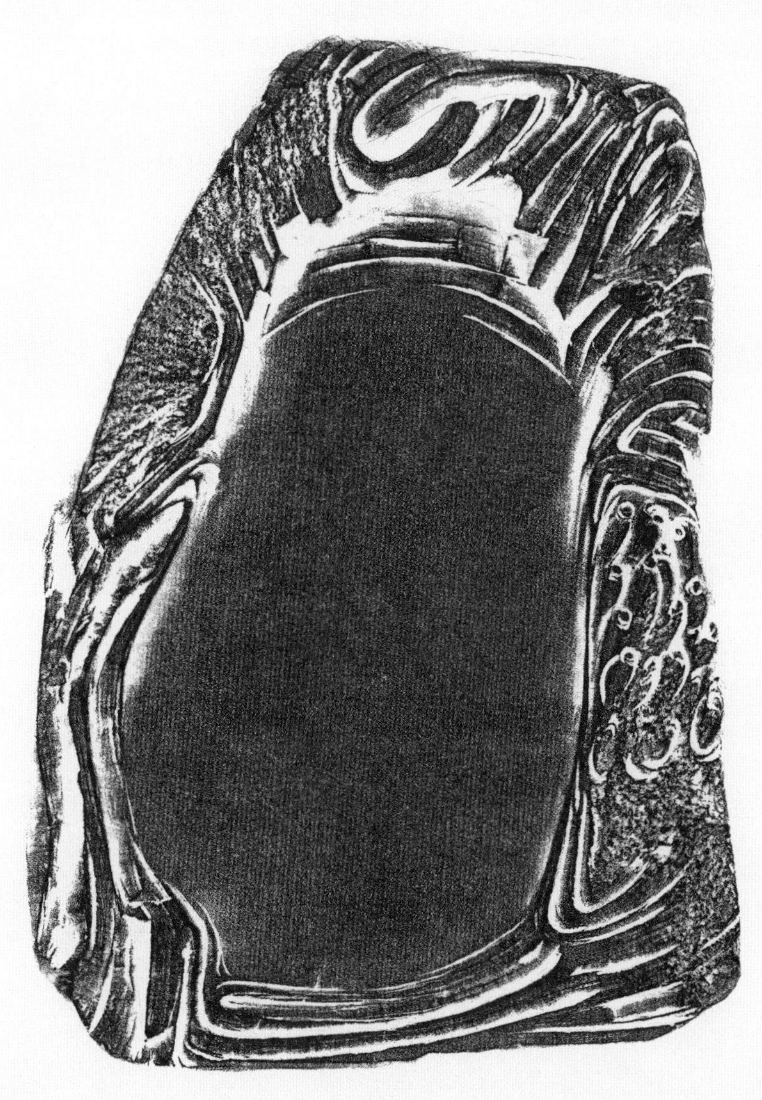

● 赵粤茹拓程文《叶卷秋风》砚

● **孔繁星刻砚照片**

刻砚与雕砚手法有所不同，一般不用木棒敲打，直接以手握刀在石上雕刻，是目前端砚制作最为常用的方法。老一辈端砚雕刻名家孔繁星虽已年过六旬，但仍坚持制砚，是目前端砚刻砚的代表人物。孔氏刻砚刀法复杂完备，运用娴熟，雕鱼鱼入水，雕花花生香，而且所雕之砚有力度，有刀路，非目前市场上大量存在的细弱无力、刀法凌乱的砚雕商品可比。

孔繁星与程文、程八三老各有特色，程文雕工已入艺术境界，孔繁星刻工为岭南砚雕之代表，程八做光身的功夫更是炉火纯青。此三人年龄相仿，性情各异，都正处于砚雕艺术的收获期，是当代端砚雕刻可以立于诸砚之首的支柱，也是我们这个时代砚雕工艺的代表。

孔繁星《云水》砚

图中此砚刻的刀法娴熟有力，刀路如行云流水，且颇有古意。

赵粤茹拓孔繁星《云水》砚

● **程八砚坊作品《光明行》砚**

砚的雕刻撇开艺术性不谈，如纯粹从工艺性角度来看，则应至“精”以求“静”。图中此砚为带盖的砚匣，长不过8厘米，四边雕满万字纹，组织规整，一丝不苟，是制砚雕刻至精的代表，具有极强的工艺性。

● 《光明行》砚局部

● 程八砚坊传人程海锋在刻砚

● 云纹

砚雕如能刻得精，固然不易，而如能刻得静，则更加不易。要想砚雕有静气，除了雕刻得精以外，还需打磨得精，所谓三分雕工，七分磨工。往往看上去简简单单的一个起伏，却需要长时间的琢磨，若能达到不见刀痕，所雕之物有如从砚石上自然生长出来的一样，静气自然生。

图中云纹，虽婉转有度，却不见刀痕，火气不存，静雅沉稳，灵动圆熟，砚虽四寸，所用工时却远远超过雕一方体形硕大、玲珑剔透的山水砚或者雕花砚。

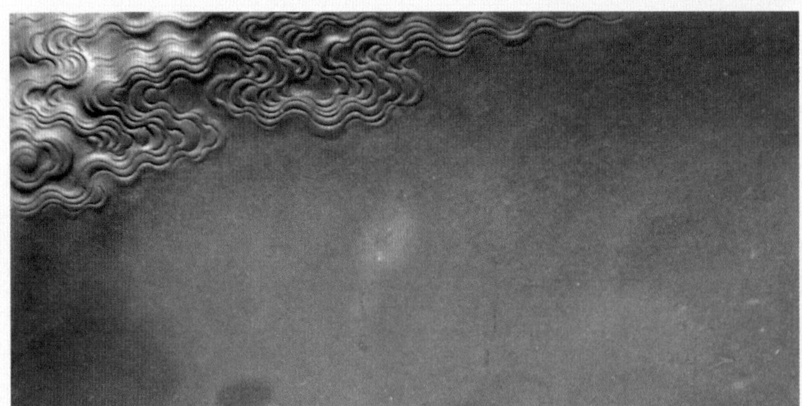

● 云纹

图中云角雕刻得轻盈而有厚度，缥缈而娟秀，不露刀痕，沉静圆熟。云纹不像贴在砚石上，而似是生于砚石上。雕刻者如心气浮躁，定力不足，不可能刻出如此效果。

打磨上蜡

本书制砚误区部分提到砚的打磨是砚雕工艺的一部分，并且是雕刻工艺的重要部分，应以对待雕刻的态度对待打磨，才是制作精品砚的正确态度。

目前端砚的打磨，主要有三种方法，一是用砂纸打磨，二是用磨石打磨，三是用河沙打磨。行业里主要用前两种方法，其中砂纸主要用来打磨砚的边缘或圆转处，磨石则主要用来推磨砚堂或砚背等平面处，两者一般都采用水磨的方法。至于用河沙打磨，是端砚制作中古老的传统方法，一般选取西江河岸的极细河沙，将其平铺于一块平整的硬石板上，然后对砚进行打磨，也可以打磨得非常细腻。

● 西江河岸取沙

有人认为砚堂磨得不能太细，否则会影响发墨速度，这一说法对于一些石质偏硬，又不易于发墨的砚种来说也许可行。但砚台不是磨刀石，发不发墨取决于材料的结构与组织，不是将砚面磨粗磨细的问题。也就是说一个砚种如果靠将砚面磨粗来发墨，必然不是什么好材料。相反，好的砚材磨得粗一点、还是细一点，与发墨速度没多大

● **三种打磨方法**

上图为油石打磨，中图为砂纸打磨细部，下图为河沙磨平面。

关系，而且磨得越细，发墨越细。好的砚材打磨到位，才可以保证砚台发墨既快又细。比如端砚老坑，即便用2000号的砂纸打磨到摸上去如小儿肌肤一般，一样下墨速度不减。一些比较差的砚石即使只磨到800号砂纸，甚至600号砂纸，下墨速度还是不行，石理不同而已。

端砚做好后，一般习惯上一层蜡。具体方法有多种，总体来说，大致都是先将砚加热，然后用石蜡或蜂蜡涂在砚面，待其熔化后用丝绸或细毛刷将蜡水涂匀即可。几种方法的主要区别在于加热的方法上，有用水煮的，有用火烤的，有用灯照的，有用风筒吹的。水煮即将砚台放于大锅里煮，煮热后捞出，趁热涂蜡，此法适于大量制作，但容易发霉，以前较为常见，目前已很少用了。火烤即用煤气火焰喷枪直接加热砚台，或将砚台放于火炉上加热，然后上蜡，此法虽快，但对砚石不利，尤其是砚石的娇嫩处易受损伤。灯照即用温度极高的灯管照射加热，操作不太方便，且容易照伤皮肤。风筒吹则是用吹风筒对着砚台长时间近距离直吹，使砚石慢慢加热，然后慢慢上蜡。此法比较简便，虽时间较长，但砚台是慢慢加热，对砚石损害不大，较适用收藏者自己进行。

对于端砚是否需要上蜡，有不同看法。有人认为不应上蜡，上了蜡，有碍于人与砚石接触的亲密感，减低砚的把玩性，而且在上蜡加热的过程中对砚石也有所

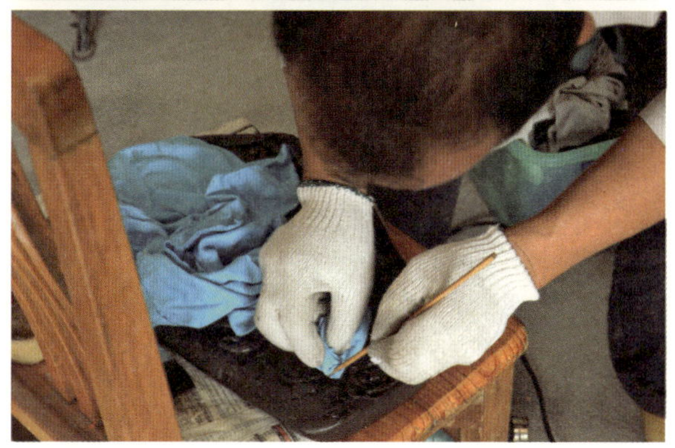

● **风筒上蜡法示意**

损害。有人则认为，可以上蜡，上蜡便于观赏端砚的石品并防止砚台表面的风化与腐蚀。两种观点都有道理，我们应综合来看。对于一些体积小，石品精，以把玩为主的端砚不宜上蜡，还是以养出自然包浆为佳；对于一些体积较大，不便把玩的端砚上层蜡，确实有助于观赏和砚面的保护，更何况上蜡后如不喜欢，还可以去掉。

上了蜡的砚台在使用前砚堂必须退蜡才能磨墨，俗称“开锋”。至于如何退蜡，传统上用压碎的炭粉洗刷砚堂去蜡，此法炭粉需自己制作，比较麻烦；还有种简便的方法，就是用牙膏刷，一样可以去蜡。有的书上说可以用细砂纸打磨砚堂来“开锋”，此法确实可以“开锋”，但有损砚面，一般情况下尽量不用。

● 炭粉去蜡法示意

● 端砚上蜡前后效果对比，左为上蜡前效果，右为上蜡后效果

配盒嵌玉

好砚尚须配以美匣，方为完美佳器。从砚文化的角度来说，砚的包装是砚文化的重要组成部分，也是砚文化多种工艺含量的体现及制砚精品意识的体现。目前随着端砚价格的不断提高，提升端砚包装已迫在眉睫。端砚要想进入高端文化市场，包装问题必须认真对待，努力提高。

砚盒又称砚匣，形式主要有两种，一种是全盒，一种是天地盖。全盒即将砚台全体包裹，天地盖则是在砚台的底部与上部分别加以木板保护，一般用于体形较厚的砚台。天地盖的制作相对比较简单，全盒的制作工艺就讲究很多了，一般来说须整木挖取，以闭合严密，线条流畅，外形饱满，拿握合手为佳。制作砚盒的木材，档次差别很大，目前端砚配盒较为普通且被大量运用的木材主要是菠萝格，其价格不高，且性质稳定，不易变形，但木质较粗，一定要打漆后方可使用。另一种较为普遍使用又比较高档的木材是花梨木，它的纹理有一定观赏性，木质也比较细腻，已属高档砚盒。在花梨木之上，

● **制盒名师黎雄生师傅在制作砚盒**

● 天地盖示例

图为花梨木大漆素髹嵌玉天地盖砚盒。

● 全盒示例

图为紫檀木全盒，一般来说，盒体上下比例为二比一，即盒盖高为二，盒底高为一。

● 广做与苏做对比

图中右边的盒盖起小阳边，为广式做法，左边的盒盖光素为苏式做法。

还有用酸枝、大叶檀、黄花梨、小叶檀等名贵木材制盒的，价格高昂，豪华美观，多为高端藏家不惜工本之所为。

木盒因所用木材有高低差别，档次与价格可谓天差地别，但不论档次差别有多大，都需与漆艺配合，才算完整。砚盒除了保护砚，包装砚，还有延长墨汁干涸速度的作用，再好的木材均有一定的吸水性，砚盒做得紧密虽可大大减低墨汁的干涸速度，但终不如砚盒打漆后的保湿性好。另外，木盒不上漆容易变形，并且在使用时如染上墨汁也不容易清洗，所以砚盒最好打漆。

漆艺是我国一种古老的工艺美术门类，技艺繁多，内容丰富，并涉及很多工艺门类，砚盒的制作就是其一。漆艺在砚盒制作中的体现，可分为两类，一是漆艺砚盒，二是木盒髹漆。漆艺砚盒，工艺繁复，价值不在高档木材的砚盒之下，甚至有过之而无不及。对木盒髹漆，目前基本都是用化学漆，价格低廉，工艺简单，刚刚打好时，漆面光亮，效果还可以，但时间一长，光泽暗淡，色彩就沉闷了。严格来说，砚盒的髹漆应该用大漆，大漆色彩沉稳，不怕高温，越用越亮，而且是温润的亮，不是刺眼的亮。但大漆成本很高，工艺复杂，制作时间长，且在制作过程中容易引起严重的皮肤过敏，目前在肇庆端砚行业内已没有用大漆刷砚盒的了。对普通木材制作的砚盒应该打漆，高档木材所制砚盒，要不要打漆呢？紫檀、黄花梨、酸枝等木纹漂亮的木材，正规的做法

● **外补形与内补形**

图中小砚右下方有缺口，不够饱满，配盒时将右下方做得饱满一些，称为内补形。盒子做成随形式，却在砚形起伏的外形上进行了轮廓的归纳，使砚盒外形在随形中不失饱满，这叫做外补形。砚盒内外补形如处理得当，可以产生盒有木味、砚有石味的效果。

● 漆器砚盒

是在砚盒内部打漆，外部保持木材自然纹理。

砚盒的制作包含木艺与漆艺两个基本内容，两者还存在着一个协调关系。以菠萝格作胎，打上化学漆对普通商品砚来说也就行了，但对于高档的收藏品则未免简陋与粗劣了。有三种方式是比较合乎规矩并具有一定档次的砚盒制作方法：一、大漆的漆艺砚盒；二、花梨木胎，大漆素髹的砚盒；三、紫檀、黄花梨、酸枝等高档木材砚盒内面打大漆。以上三类，目前做到都不容易，但越是不易，方显珍贵。

我们说砚为文房重器，这里的“重”除了“重要”的意思以外，还有“贵重”的意思。砚之贵重除砚本身的价值以外，还体现在包装上。在古砚中，一些高档砚盒，常以美玉配之，使砚盒更显华丽，使一个砚盒集木艺、漆艺与玉雕于一体，成为多种工艺的综合体。如所嵌玉雕内容与砚本身内容又能有所呼应，文化含量也会随之增加。

● **内打漆**

图中砚盒为大叶檀整挖而成，盒内为减少砚盒的吸水性打了大漆。

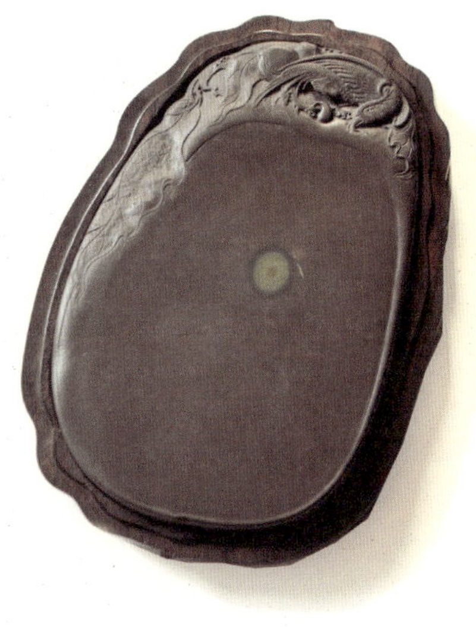

● **玉雕名师陈学献先生正在为砚盒雕琢玉饰**

● 《玉洁冰清》砚及砚盒

此砚为端砚麻子坑石上品所制，通体天青并有清润鱼脑冻，右上角借鉴汉代玉雕的云纹手法加以装饰，以便更好地突出此砚玉洁冰清的优良质地。砚盒以大漆嵌螺钿的手法制作，螺钿的花纹由汉代云纹演变而来，色彩搭配也采用汉代漆器最为常用的红黑搭配，从而使砚盒与砚本身在风韵上得到良好的统一，也极大增强了整个砚的艺术感染力。

砚背铭文为：北冥冰魄，昆仑玉魂。生之幽谷，伴之紫云。清澈我怀，温润我心。与君相守，一往情深。

● 《黛玉遗墨》砚及砚盒

此砚为端砚麻子坑石所制，石色青蓝，有滋润麻子点散落其上，如黛玉染墨痕。砚背铭文为：一榻潇湘雨，几点笔墨痕。花飞花落去，黛玉隐香魂。铭文中“黛玉隐香魂”一句包含了墨香起砚池的意思，并引申出《红楼梦》中的黛玉香魂。砚盒以大漆点碎螺钿的手法表现出隐隐的潇湘风韵，从而使整个砚的意味更浓厚。

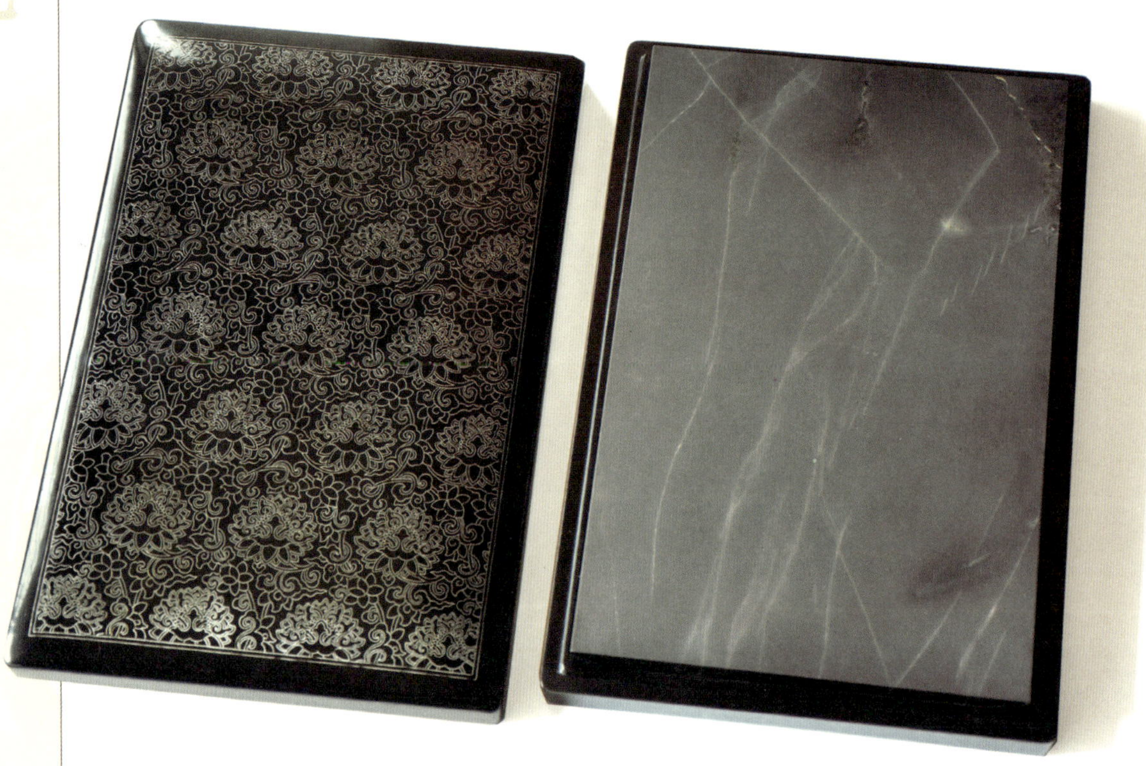

● 《长河源》砚及砚盒

此砚为端砚老坑石所制，石色青灰，冰纹疏朗，如涓涓细流，似长河之源。此砚采用平板砚的方式制作，比较简雅。为增强整个砚的艺术感染力，并形成外锦内素的视觉反差，砚盒采用大漆嵌银丝的工艺，力求与盒内的平板砚形成繁与简的强烈对比，共同营造出华丽不失文雅，高贵不失简约的视觉感受。

砚后铭文为：其形何微微，其流何涓涓。发之昆仑顶，去之沧海边。清而润草木，汇而破巨川。奔腾九万里，云水共长天。

端砚保养

随着目前端砚礼品市场与收藏市场的不断繁荣，端砚的保养也成为广大收藏者面对的问题。可以说，端砚如保养得当，会使砚台增值；如保养不当，则会使砚台贬值。

至于端砚应如何保养，历来各家各法，不一而足，但都免不了砚与人的接触。一方砚台如长期密封保存，不见天日，不近人身，时间久了，会变得枯燥无生气，如放于空气流通处，并被经常抚摸，时间久了，会变得温润灵秀。所以说，端砚最好的保养方法是“人养”。古来爱砚者，对所爱之砚多有坐不离手、卧不离枕，更有命小妾抱砚而眠，除对砚的爱惜之情外，养砚也是主要目的。

● 长期使用，已形成较薄包浆的老坑砚

端砚的保养除了人养，还有水养、墨养与油养的说法。所谓水养，即将砚台浸泡于清水中，以求使其变得更加滋润。此法听上去好像很有道理，其实要想改变砚石的品质是不可能的，而且如果要水养，先要看看是用什

么水，如果是用自来水养砚，对砚台则不光无益反而有害。至于墨养的说法，是认为磨墨可以养护砚台。墨的主要元素是烟与胶，而且往往胶的比例还大于烟，胶的好坏是墨条质量好坏重要的决定因素。砚台如果经常磨墨，时间久了，墨的胶多少会残留于砚面，对砚台包浆的形成有好处，也就是说墨养可以加快砚台包浆的形成。砚台宜净不宜脏，如果墨养，每次养完一定要洗净。借鉴寿山石的保养方法，还有人喜欢油养，即用白茶油，或婴儿润肤油，或凡士林涂抹于砚面，以求让砚石变得油润。油养虽可让砚台看上去油润，但容易形成油垢，而且油与水不相容，油养的砚台有碍发墨，所以油养在砚台上不可取。

● **墨养过的新砚**

● **清　《石云》砚**（三省堂藏）

此砚包浆肥厚，非短期内可以形成，是岁月的痕迹。

对砚与套砚

端砚的制作有对砚与套砚的形式。随着端砚观赏性与收藏性的增强，对砚与套砚的制作逐渐增多，两者不是一个概念，各有各的标准。

对砚顾名思义是成对存在，大小外形基本一致，而且是由一块砚石对开而成，左右两砚的石品与花纹能相互对应，体现出一种天然巧妙的对称美。品质好的对砚难得程度远远高于单个砚台。套砚相对于对砚的产生要容易一些，人为的成分比较重。套砚不一定由一块石头完成，只要有一个共同点就行了，而且数量少则两方，多则十方八方，甚至几十方，比较自由。

对砚与套砚的收藏价值远远大于实用价值，所以在材料与工艺上都应高于普通商品，否则意义不大。

● **陈洪新作品《星湖春色》对砚**

图中此对砚取材端石坑仔岩，质地紧密，有大片天青浮云冻，左右还生有珍贵的冻上眼，石品形态对称，是难得的对砚绝品。

● **程八作品《双青》套砚**

图中两方绿端小砚，造型不同，但材料一样，色彩都是黄绿相映。手法都是仿制竹编效果，虽只有两方，也属于套砚。

● **端石套砚**（故宫博物院藏）

图中套砚共计九方，形态各异，大小相近，砚盒制作手法统一，以一紫檀雕花木盒统装之，是以前专供宫廷把玩的工艺品。

砚外别品

目前端砚行业除了砚台的制作以外，还有一些其他端石工艺品的制作，主要有三大类，分别是：摆件、茶盘与文具，大多以绿端或三大名坑以外的石材制作，产量相当可观，而且制作不乏高手。

端砚摆件的雕刻有一定的历史，尤其是绿端摆件的雕刻，自成一行，很多雕刻艺人能利用绿端石肉与石皮的红、橙、黄、绿之色彩变化雕刻出惟妙惟肖、玲珑剔透的工艺摆件，亦为岭南一绝。茶盘的制作是近年发展起来的石雕行业，多以绿端、沙浦石或流坑石为之，产量不低。至于砚以外的文房用具，笔洗的制作比较多，笔筒、镇纸也有制作，但大都选用普通材料，材料好、做工又好的佳器非常稀有。

● **白端公仔**（十都书院藏）

白端以前曾经用来雕刻工艺品，多以人物为主，现在因为白端资源紧缺，价格较高，已没有人再以白端雕刻工艺品了。图中这件白端公仔（公仔为广东话，意指玩具及人物小雕像），选料上乘，造型朴实，并带有浓浓的乡土气，是目前存世极少的清代白端公仔。

● 罗卓成绿端摆件作品《柑橘》

绿端摆件的雕刻是端砚雕刻的一个分支，目前从事绿端摆件雕刻的工匠也不少，并有良好的市场，雕刻名家罗卓成是其中最为突出的代表人物。罗卓成的绿端摆件雕刻至精至微，栩栩如生，达到了呼之欲出的地步，比之青田石雕、潮州木刻的尖端之作有过之而无不及。

● 罗卓成绿端摆件作品《虾笼》

图中摆件巧妙利用绿端石皮的黄褐色，作一残篓，并在内部雕游虾几只，水草一尾，巧夺天工，情趣盎然。

● **绿端茶盘**

目前茶盘的制作在肇庆成行成市，产量很大。一般多以较差的绿端与沙浦石，以及较大的流坑石做成，价格由几百到几千元不等。图中叠放的茶盘是以绿端和流坑石批量制作的普通茶盘商品。

● **孔繁星制麻子坑笔洗**

端石宜于制砚，以之制作其他物品，属于非主流，一般多以较为便宜的砚石为之，以上品美石制作则极其少见，其价值也略高于同等砚石所制之砚。笔洗是文房用具，和茶盘一样在肇庆也多有生产，一般采用普通的绿端为之。图中笔洗为一上等麻子坑大料制作，比较少见。

● **坑仔岩镇尺**

图中坑仔岩镇尺体积较大，石皮金黄，通体天青浮云玫瑰紫，且于正面中间有一颗圆润翠绿的冻上眼，实为文房之宝也。

● **孔繁星制坑仔岩笔架**

图中笔架取材端石坑仔岩，并有一大一小两颗石眼对称交错，是端石石眼的一个偶然特例，具有唯一性。山峦的雕刻刀法老辣，起伏有致，是难得的文房珍玩。

● **程八制小湘绿端竹筐印泥盒**

图中印盒取材小湘绿端之上品，色泽饱和，是典型的绿豆青，如放入印泥，则红绿相映，添画案几多情趣。

砚贵有铭

砚铭是指题刻在砚体上的文字，是围绕砚展开的文学艺术再创造，是对砚文化的衍生与扩展，是将砚文化与中国传统文化连接起来的纽带。如果将砚文化比喻为一个点，将中国传统文化比喻为一个面，砚铭则好比连接点与面的线。砚作为文房用具，之所以能够与一般工艺品区别开来，得以称学论道，砚铭的兴起与推广有着决定性的作用。纵观砚史的发展，砚铭的兴衰与砚学的兴衰是相伴随的。如前所述，我国砚学存在两个高峰，分别是宋代与清代，而宋代与清代也是砚铭发展的高峰。从一定意义上讲，一个时期砚铭发展与创作的水平可作为此时期砚学水平高低的坐标，换个角度来说，砚铭之道如难以为继，砚道亦离亡道不远。

端砚作为诸砚之首，端砚产地广东肇庆享有“砚都”之誉，在当代砚铭的继承与推广方面也应提高重视，以免砚学渐断。砚学若不存在，“砚都”之誉又有何意义？“诸砚之首”的地位又可奈何？要想继承与推广当代砚铭，指望端砚行业内部的力量是远远不够的，需要吸引文化素质与艺术修养较高而且对砚有一定兴趣和认识的知识分子与艺术家参与，这就需要端砚界打破地域观念，放开胸襟，将端砚文化放在中国传统文化的大背景下去看待，将端砚的发展空间放在中国九百六十万平方公里的大空间去想。回想端砚历史，历代对其发展起到重要作用的人物大都不是肇庆本地人士，也正因如此，端砚学才具有了融入国学大范围的前提条件。吸引高素质的文化精英加入到砚学的研究与实践，尤其是砚铭的创作中来，是当今端砚文化发展最强的推动力。

砚铭之道

铭者，记也，所记者事与情，即人之事，人与人之事，人与物之事；人之情，人与人之情，人与物之情。历来砚铭或记事或抒情，记事者记录历史，抒情者借物言志。记录历史者，纪晓岚之铭多有所为，而今观之，昔人之来往，昔人之所见借砚以传，历历在目。借物言志者，情有所托，所托为砚，谓之砚铭，砚则借情以生灵。千百年后，砚若不存，文字犹在，见文思情，如见其人，如视其砚，精神得以长存。

砚上刻字，古已有之，多为纪年，文章少见。至两宋文采风流，金石之学盛行，又有苏轼、米芾等文人学士痴砚爱石，为之题文作句，风行一时，遂成砚铭之道，且开砚铭第一高峰。而今宋代砚铭实物存世极少，能被广泛认可的名家真迹更是凤毛麟角，所见多为收录于诗文集中的砚铭文学。根据宋代的学术状态，篆刻之学尚未形成，文人动刀直接刻铭的可能性不大，所成砚铭基本上应该是由收藏者书写，再由刻石工匠依样琢刻而成，类似于碑刻，须忠实于原书，力求笔意。元末明初，王元章开篆刻之学，至明代走向成熟，文人画家亲自操刀刻石渐成风尚，为清代砚铭再起高峰奠定了基础。随着清代篆刻学的繁荣与文人砚的兴起，砚铭的创作已发展到书写与琢刻由一人完成的程度，笔与刀在砚铭的创作中得到协调统一，砚铭之道走向成熟，逐渐形成了有别于书法与篆刻的独特艺术魅力。

近代西学势盛，文心日散，文脉渐断，文士胸怀只留在那一页页文字和历史之中，加之书写工具的变化，墨汁的流行，砚台已离大众日远，砚尚不存，铭何以附，此道衰矣。而更可悲者，今砚上刻字，或于古砚制伪铭以骗取利益，或于新砚上落某某大师名款以招摇过市，而能对砚一往情深，题诗刻文，扩展文化的铭文创作太少了，此脉若衰，砚学残矣，谈何健康发展。本着对中国传统文化的责任感，对砚文化的责任感，当尽量勿使砚铭之道断于我辈之手。

● 明　顾从义摹刻石鼓文石砚

（天津市艺术博物馆藏）

明顾从义摹刻石鼓文石砚屡见著录，流传有绪。顾从义，字汝和，明嘉靖时上海人，曾摹刻《淳化阁法帖》。此砚是按宋代石鼓文拓本的字数及原石鼓上的字形、字位排列顺序缩小摹刻的。

石鼓文是我国较早的石刻文字，是用籀文书体在十面秦石鼓上分别刻的十首四言诗，记载春秋时秦国国君的一次狩猎活动，对于研究秦史和古地理、古地名、古动物、古植物都是宝贵的史料。今存石鼓，文字残损，宋拓本作为最佳拓本，可惜也已散失。顾从义石鼓文砚成了宋拓本的刻石标本，弥足珍贵。此砚自清乾隆年间发现后，即引起学术界的注意。它不仅可以使研究者了解原文原刻的字位排列，而且有些残损严重的字还可据以补充。目前石鼓文的宋拓本均流传到海外，此砚及拓本的珍贵性、资料性不言而喻。

明顾从义摹刻石鼓文石砚的石质不算上乘，雕工不算杰出，却为古砚重宝，根本取决于其砚上文字的文化价值，这一价值是材料价值远远不能相比的。

● 周希丁拓明顾从义摹刻石鼓文石砚拓片

周希丁（1891—1961年），一名康元，原名家瑞，原籍江西临川，擅长拓印之道，先后在北京文博界从事古器物拓印及文物保管、鉴定工作。曾手拓故宫宝蕴楼、武英殿以及罗振玉、陈宝琛数千件甲骨、钱币、封泥、石经等宝贵文物，著有《古器物传拓术》行世。

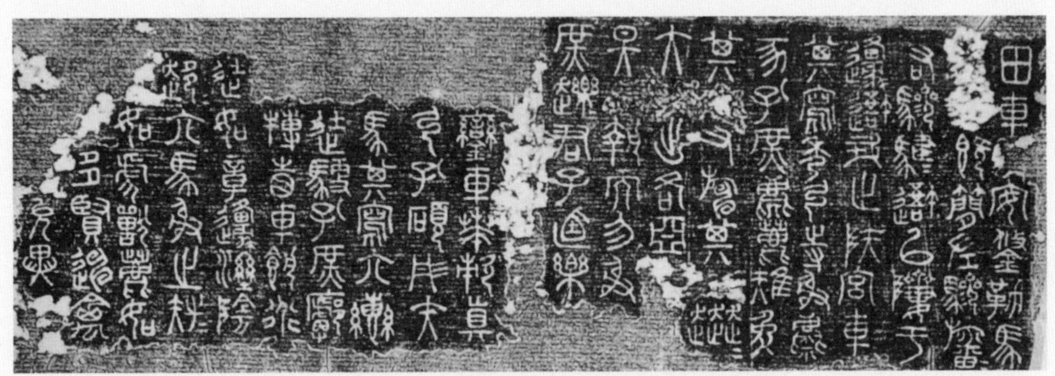

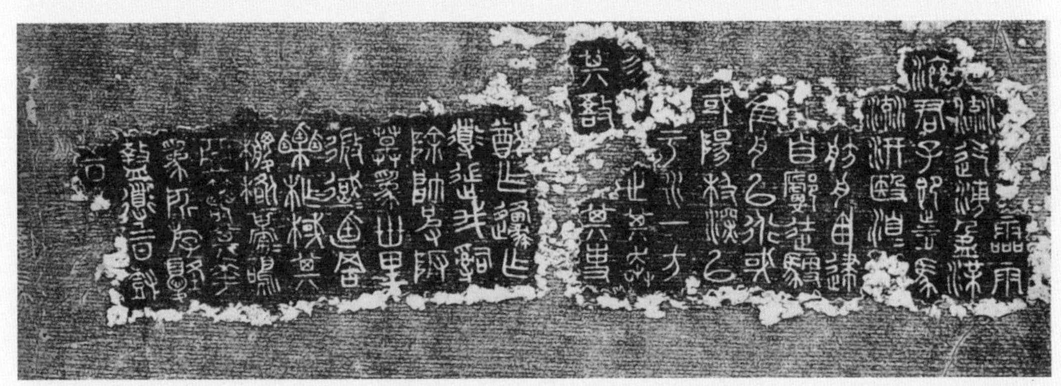

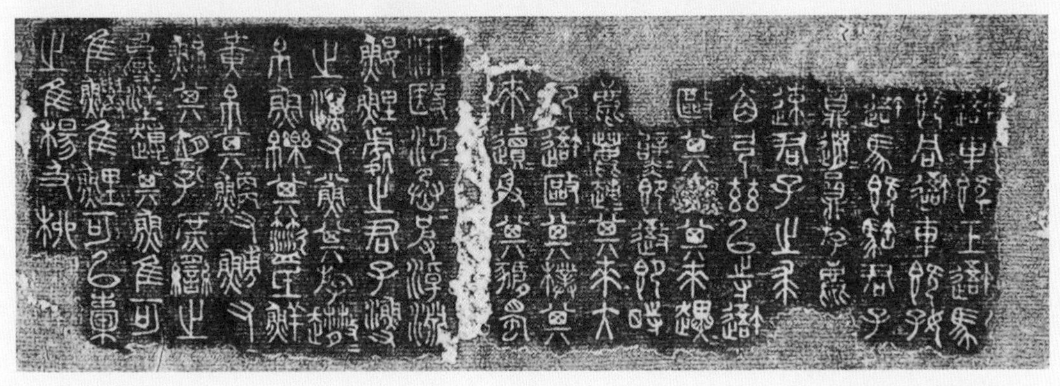

● 周希丁拓明顾从义摹刻石鼓文石砚拓片

● **乾隆御铭**（《归云楼观谱》）

清高宗乾隆皇帝兴趣广泛，对于砚台也甚为喜爱，并题写了大量砚铭，对清代砚学的兴盛起到了极大的推动作用。图中此砚乃乾隆御题，铭文内容为："端溪奇品，透澈晶莹。质势若钟，方圆其形。乾隆御制。"文章及书法不算突出，但铭文的刻制却将毛笔的弹性表现得十分充分，对研究铭文的刻制有一定学习价值。

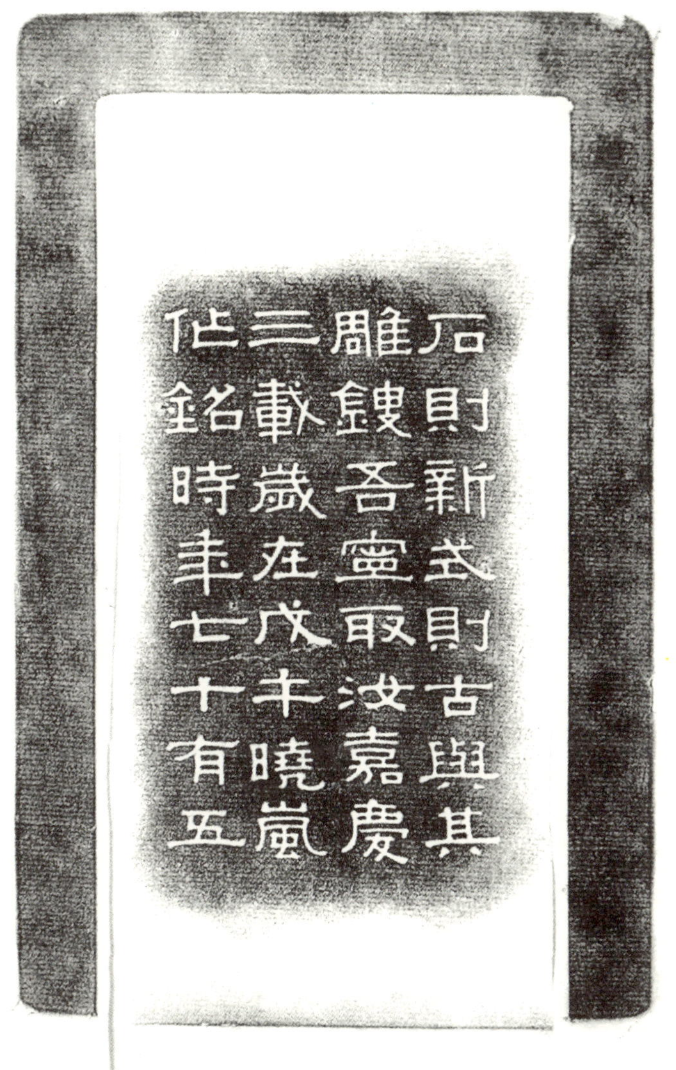

● **纪晓岚铭文**（《中国古砚谱》第194页，天津市艺术博物馆藏）

纪昀（1724—1805年），字晓岚、春帆，晚号石云，道号观弈道人。乾隆进士，官至礼部尚书、协办大学士，谥号文达。乾隆间辑修《四库全书》，任总纂官，执一时学界之牛耳。纪昀爱砚藏砚，每遇佳砚多作文治铭，有《阅微草堂砚谱》行世。图中为纪氏砚铭，内容为："石则新，式则古，与其雕镂，吾宁取汝。嘉庆三载，岁在戊午，晓岚作铭，时年七十有五。"书法有金石味。

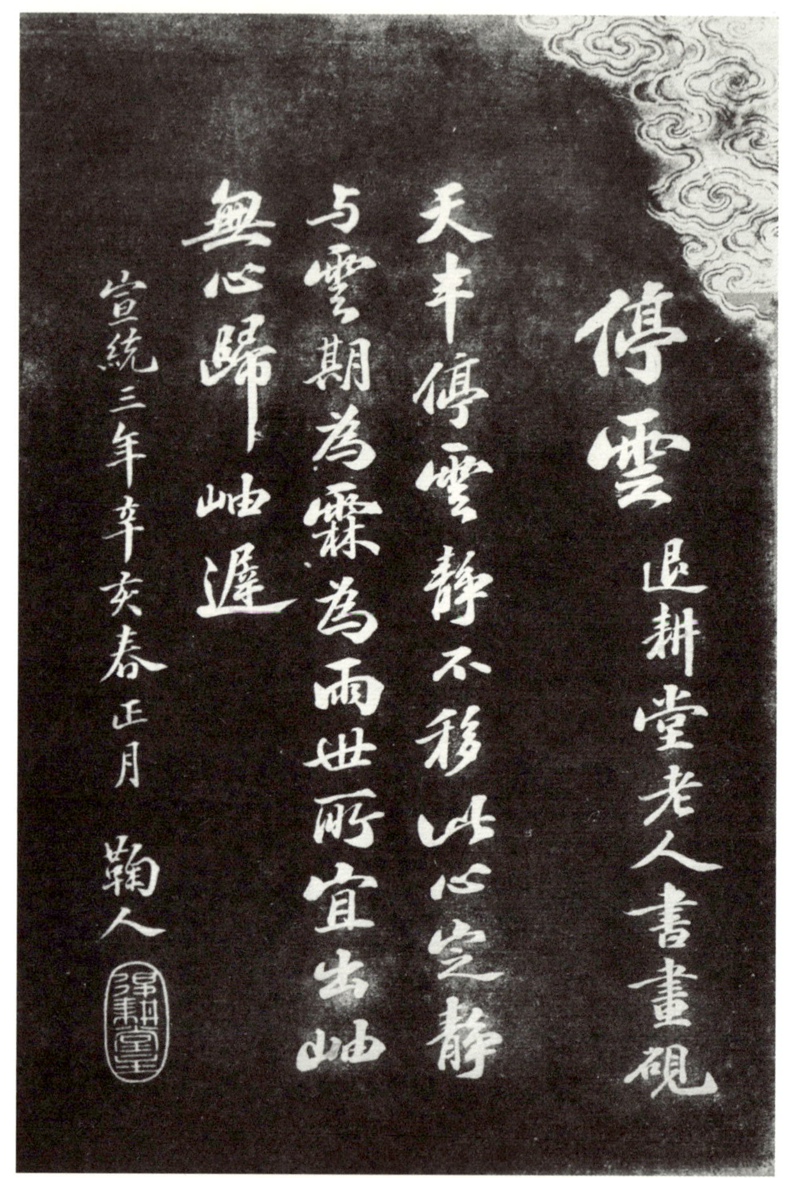

● **徐世昌砚铭**

徐世昌（1855—1939年），字卜五，号菊人，又号弢斋、东海、水竹邨人等，汉族，于晚清先中举人，后中进士，授翰林院编修。自袁世凯小站练兵时为袁谋士，结为盟友，曾任东三省总督，清廷皇族内阁协理大臣。民国以后先后任国务卿及大总统，是中国近代史重要风云人物之一。

徐世昌虽为政坛要人，但也是翰林出身，一生从政之余著作颇丰，且爱砚如痴，有《归云楼砚谱》行世。《归云楼砚谱》收录了徐世昌大量藏砚，并均有其题刻的铭文，这些铭文流露心性，才情横溢，使我们对徐世昌这一历史人物有了更全面、更生动的了解。

图中此砚名曰《停云》，砚铭为："天半停云静不移，此心定静与云期。为霖为雨世所宜，出岫无心归岫迟。"文中可见徐世昌政治家身份下传统文人的本性。

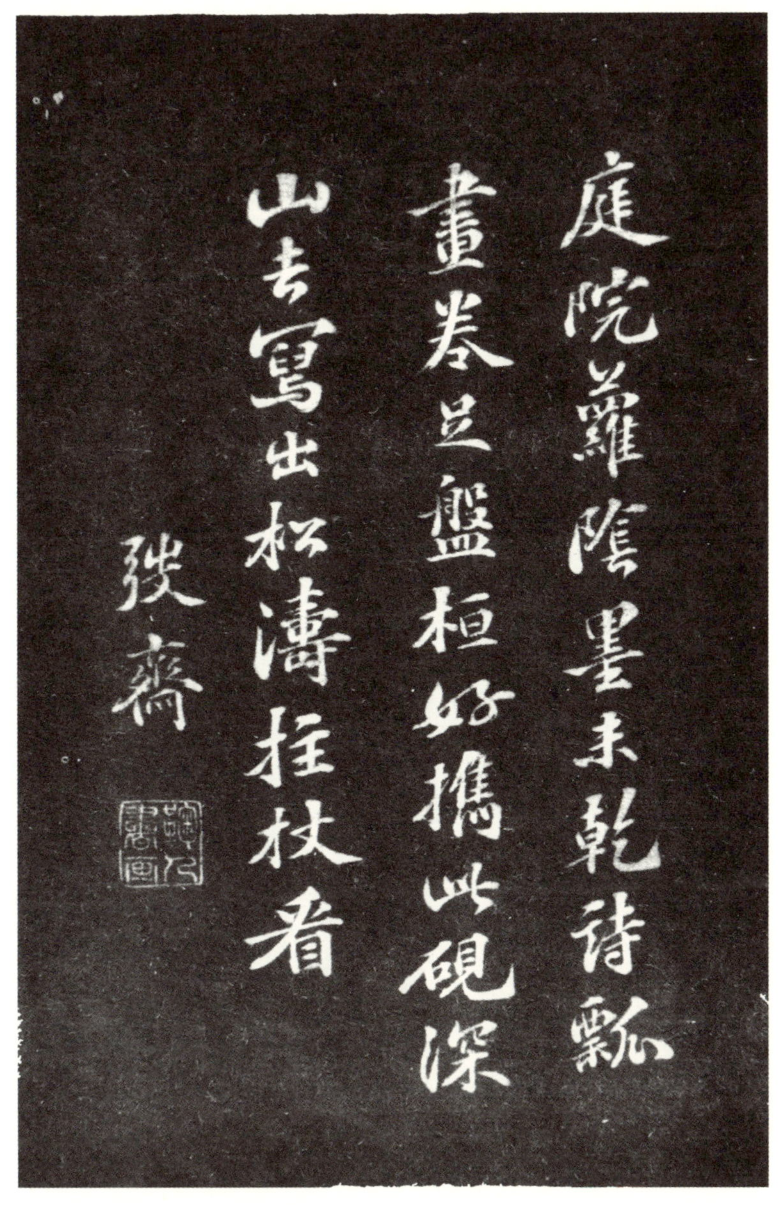

● **徐世昌砚铭**

图中此砚为徐世昌《归云楼砚谱》里的一方，背面铭文："庭院箩阴墨未干，诗瓢画卷足盘桓。好携此砚深山去，写出松涛拄杖看。"

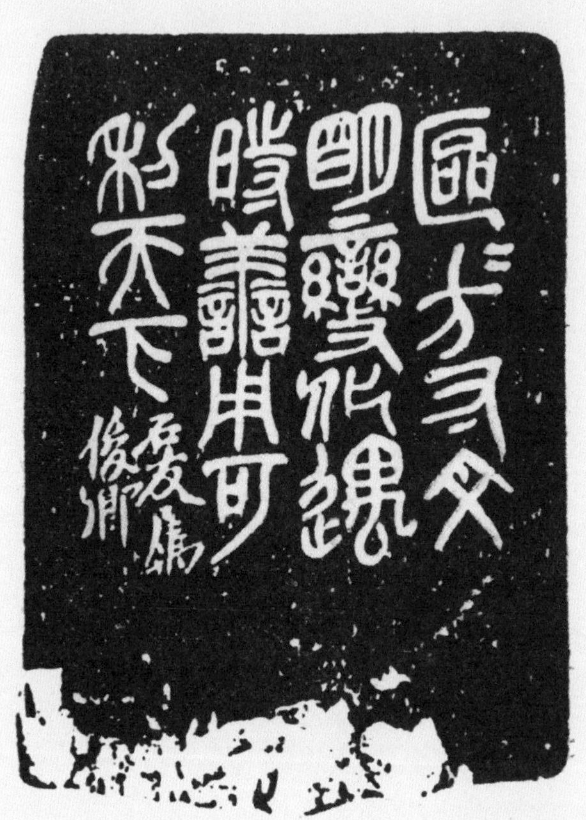

● **吴昌硕砚铭**

吴昌硕，初名俊，又名俊卿，字昌硕，多别号，常见者有仓硕、老苍、老缶、苦铁、大聋、石尊者等，为晚清著名画家、书法家、篆刻家，有“旷世艺宗”之誉。其好友沈石友爱砚藏砚，每得佳砚常请吴昌硕题铭，并由其后人结集成册，编为《沈氏砚林》。图中此砚出自《沈氏砚林》，吴昌硕手书：“区区方寸，文明变化。遇时善用，可利天下。”

砚铭题刻与砚上刻字

砚铭的范围可从狭义与广义两方面来理解：从广义上讲，只要在砚上刻字都算砚铭；从狭义上讲，砚铭是文学、书法、金石三门学科的综合体现，是对砚的文化提升与艺术再创造。只刻有年号或姓名者，有字无文，不成文章；文章不成，铭文不成；铭文不成，砚铭不成。而既然成文，必有内容，内容包含题刻者之所思、所想、所感，从而文化得以提升。砚铭作为砚文化的重要组成部分并对砚文化的形成与发展起到决定性的推动作用，主要基于其狭义上的意义。本书所谈砚铭问题，也基本立足于砚铭的狭义范围。

砚上刻字，要求不高，具备一定书法基础并能熟练掌握刻刀的运用就可以进行了，刻字本身谈不上艺术。目前端砚界也有在砚上刻字的情况，甚至还有“书法砚”的说法，主要有两种情况：其一，将古诗文如印刷排版一样刻于砚上，往往内容空洞，字体板滞，刀法纤弱，格调不高；其二，将历代名帖摹刻砚上，殊不知要将名帖摹刻石上，是需要对原帖有极高造诣的，否则得其大形已属不易。而且照字摹刻是对书法的模仿，本身不是书法，更谈不上艺术，摹刻得再像也是工匠行为，更何况如摹刻得似是而非，幼稚不堪，则大不可取。

砚上刻铭是对砚文化的提升，属文化行为，乃文人雅

●《宇》砚

图中此砚奇思妙想，立意独特，大刀阔斧间勾画出深邃的空间感，有极强的视觉张力，可引发人广阔的想象力。

● **赵粤茹拓《宇》砚铭文**

此砚铭文内容为："元气荡荡，大宇沉沉。天风寂寂，长夜深深。苍山无语，流水有音。思飞万古，吐纳乾坤。"铭文在内容上不但充分交代了此砚的立意，还自然地融入了人的情怀，扩展了砚的精神，增强了砚的人文性。

铭文字体取法杨沂孙篆书《在昔篇》演变而来，古意盎然，并能将毛笔书写时笔锋的变化表现得至精至微，充分体现了砚铭雕刻拓而视之应有笔意的要诀。

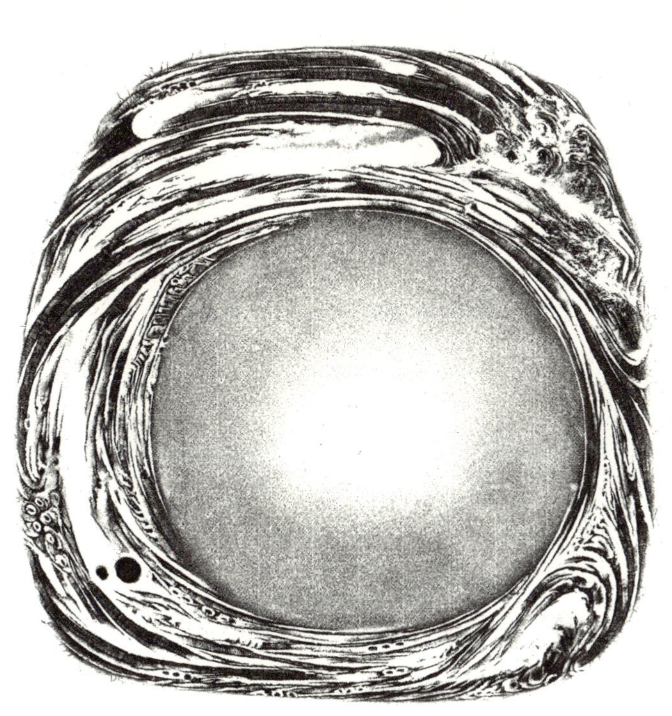

● **赵粤茹拓《宇》砚**

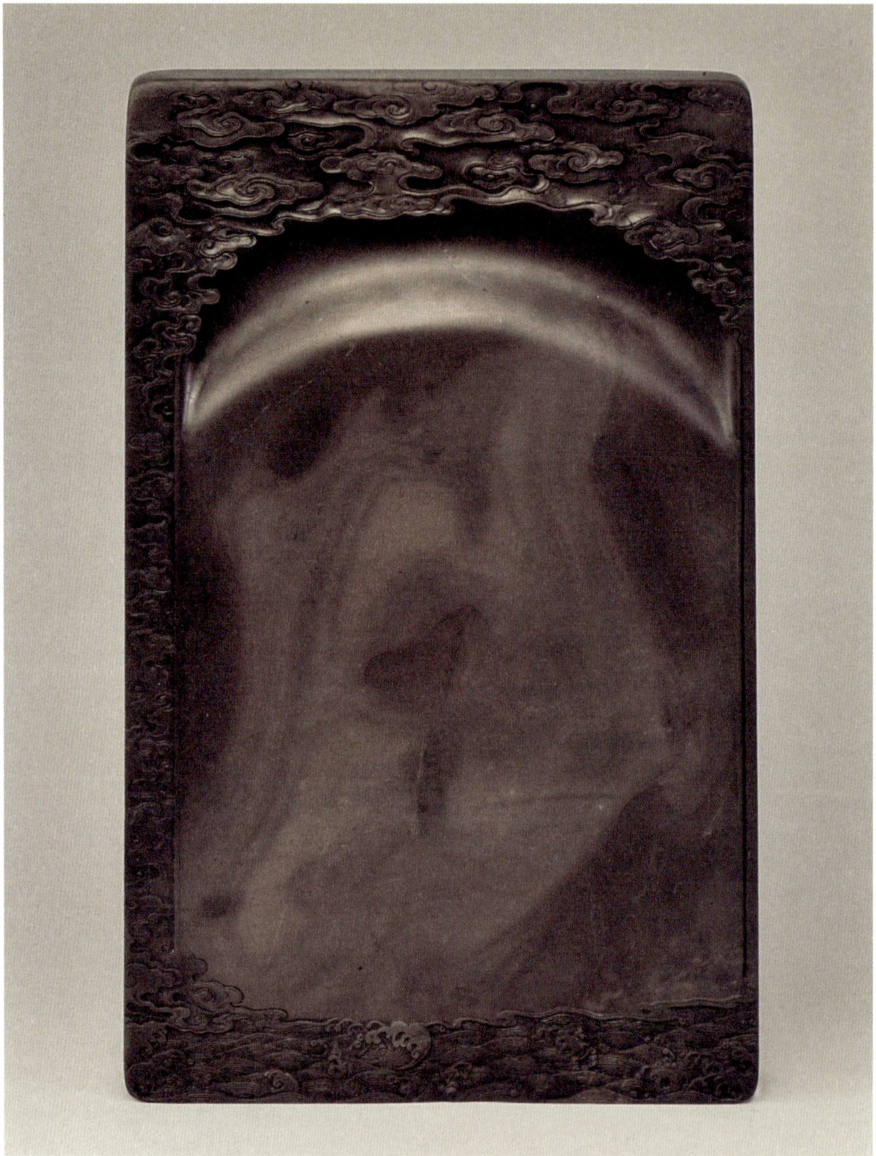

● 《浩气云天》砚

图中此砚砚堂大片天青鱼脑冻，为端石坑仔岩精品。

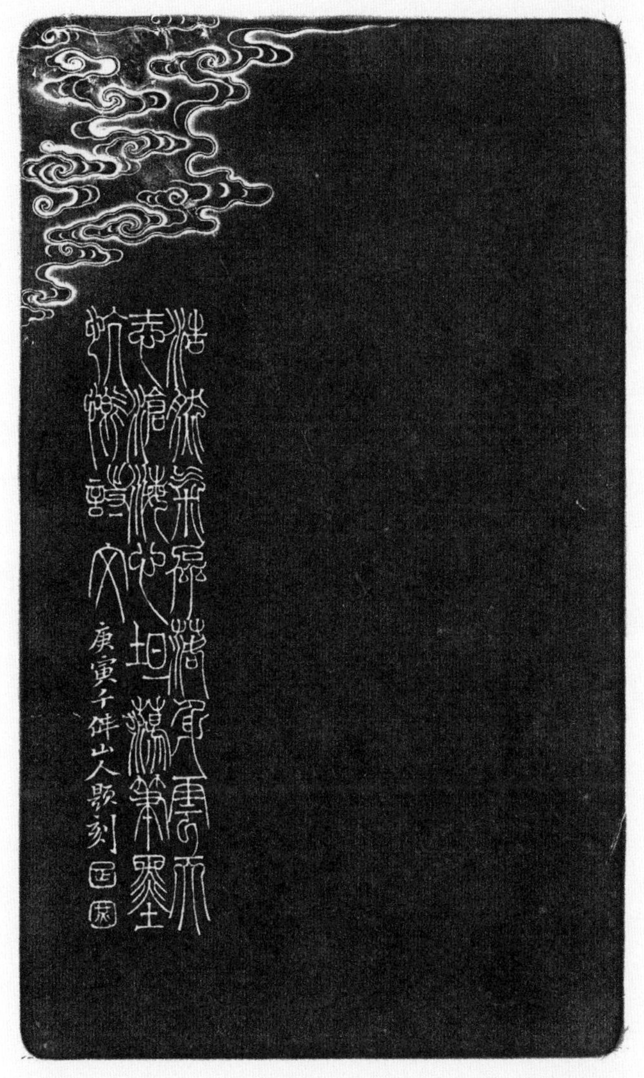

● **赵粤茹拓《浩气云天》砚铭文**

此砚铭文内容为:“浩然气，磊落身。云天志，沧海心。坦荡笔墨，慷慨诗文。”彰显了砚的气魄，映照了人的心胸，提升了文化，增强了感情。铭文结字取法吴熙载，于秀丽中不失沧桑，是篆刻之美在砚铭中的体现。

砚铭属于金石学的大范畴，题刻可以书法之道为之，也可以篆刻之道为之;以书法之道为之需有笔意，以篆刻之道为之需有金石味。

趣，只具备一定书法基础并能熟练掌握刻刀的运用是不够的，需要深厚的文化根基，非制砚工匠所为之事。其所涉领域集中体现在诗文、书法、金石三大学科。诗文当以砚为本，涉及文事，舒展心胸，引无限思绪者为上。虽不求太白句，尚不可失文士心。书法贵乎气息正，虽书体可多样，章法可变化，然古、静、雅不可失，绝不可张牙舞爪，以古怪为能事，以畸变为高明，需有堂堂之气，彬彬之风，若得高古之意，则已入阿罗汉果。至于此处所讲金石之学乃广义金石之学，非单指篆刻之学，尚含金文、碑刻等诸多内容，故治铭之用刀非单指篆刻之用刀，所含刀法更为丰富。此三学于砚铭之道相互独立又相互交融，你是你，我是我，你中有我，我中有你，失一则全废。书与刀两者密不可分，须刀中有笔，笔中有刀。笔软刀硬，功力全在这软硬之间。“有笔”指可表现笔之弹性，及用笔之轻重缓急、阴阳顿挫、辗转变化，若存运笔之行气，是为高手。“有刀”指刀路清楚，落刀肯定，直中有曲，曲中有直，不思有刀而刀自行，若能得腕底苍厚之气，是为高手。

砚铭不同于印章，印章须压盖后欣赏，砚铭有直接观赏性，可以说是书法艺术与金石艺术的结合，拓之要有笔意，视之要有刀味，此为治铭最大要诀，当细加体会。所以，篆刻与刻铭有关系，但不是一回事，篆刻能手不一定是刻铭能手，但刻铭能手，必为篆刻高手。

砚以铭贵与砚以铭废

昔人云“砚以铭贵”，所贵者，文化之提升也。文化为何？人文、地理而已，称其大，可包容天地，囊括古今；称其小，又可隐于衣食住行、春花秋月间。小小一砚，等闲器具，研墨储墨之用具而已，却可集人文、地理于一身。石材之精，石质之美，是为地理之功；雕刻之精妙，铭文之提升，是为人文之功，合二为一成就文化。只有石材之功，不成文化，得石材之精美，雕刻之精妙，可以成器，可称文化，然尚为文化之个体。铭文之功在于将砚文化之个体与中华文化沟通，连成一体，既为砚文化之提升，又为砚文化之扩展。读其文，可使我们于一石一砚中展思绪于天地间，放心胸于千万年，留下春花朝露，轻抚秋月流云；观其书，可使我们于一石一砚上品素毫之才情纵横，线条之刚柔辗转；观其刀，可使我们于一石一砚内感铁笔之开合顿挫，刀力之气脉收放。砚铭将作为用具的砚推到如此文学艺术的高度，砚何不以铭贵乎？

砚以铭贵，贵在砚文化之提升与扩展，即人文之功。然所刻文字，若文章杂乱，书法幼稚，运刀生涩，非但文化得不到提升与扩展，反有阻碍文化提升扩展的效果。好比一画，画尚可，而题款文俗字丑，则画也废了，砚亦如是。故砚可以铭贵，也可以铭废。

砚铭之道实为阳春白雪，功夫远在于砚外，为文人之逸兴，非工匠之所为，若以之谋利为生则废。当以平和之心对待，贬之一笑，褒之一笑，不求人人称善，但求不曲我心，真情真意，随念为之。

● 《云雁相思》砚正面

此砚为白线有冻岩之精华雕刻而成，形制仿唐海兽葡萄镜，工艺精湛，是程八砚坊经典之作。海兽葡萄镜的砚式多有制作，工艺高低不一，此砚在模仿海兽葡萄镜的前提下，还融入了岭南文化的灵秀，无疑是此类砚雕中的杰出之作。此砚妙在正面石品鱼脑冻形状有云雁回首之意，砚侧有娟秀小楷一行，题曰："云雁无知，归影掠之。朱粉未染，又引相思。"勾画出美人思君，无心梳妆，倚窗而望，拿起铜镜，方有心思收拾一下容颜，那南归云雁的身影恰好从镜中掠过，又引出这无尽相思的生动画面。文风古朴而有真情意，何以不打动人心。砚式、石品、文辞得到巧妙结合，并使此砚具有了唯一性。

●《云雁相思》砚背面

雲雁無知歸影掠之朱粉未染又引相思己丑岳光題

● 赵粤茹拓《云雁相思》砚铭文

● 《月明中》砚

此砚石出端溪坑仔岩，大片青花上有石眼一颗，如皓月于空，旁边还有小眼一粒，岂非启明星之光影？天生景致，佳材雅器。砚背题铭文："月上中天，人去余墨香。"文字不多，却意境悠长，让人回味，使砚具备了丰富的文化内涵。砚铭书法充分表现了运笔的提压顿挫及流动感，并有散淡之气，与砚味协调。

● 赵粤茹拓《月明中》砚铭文

● 《寒香蕊》砚

梅花为砚雕常规题材，雕刻至高超境界则不在乎细致与否，贵乎得生机。此砚砚堂白中透青并有青花浮动，有若雪过冰霜，程文于侧琢老杆新枝，梅花朵朵，一片疏影，生机勃勃，满眼好春色。砚堂中有一青斑黄痕，本为石病，砚后铭文“寒香蕊，零落玄香水。玄香水，浅映暗香梅。暗香梅，点染霜雪东风醉。东风醉，诗在枝头酒在杯，一年春又回。”却将这一石病比作零落的花蕊，并以此引申开去，抒发诗酒情怀。由此可见，石病可通过设计雕刻隐藏，也可通过文章诗句化解，若有巧思，可成妙品。

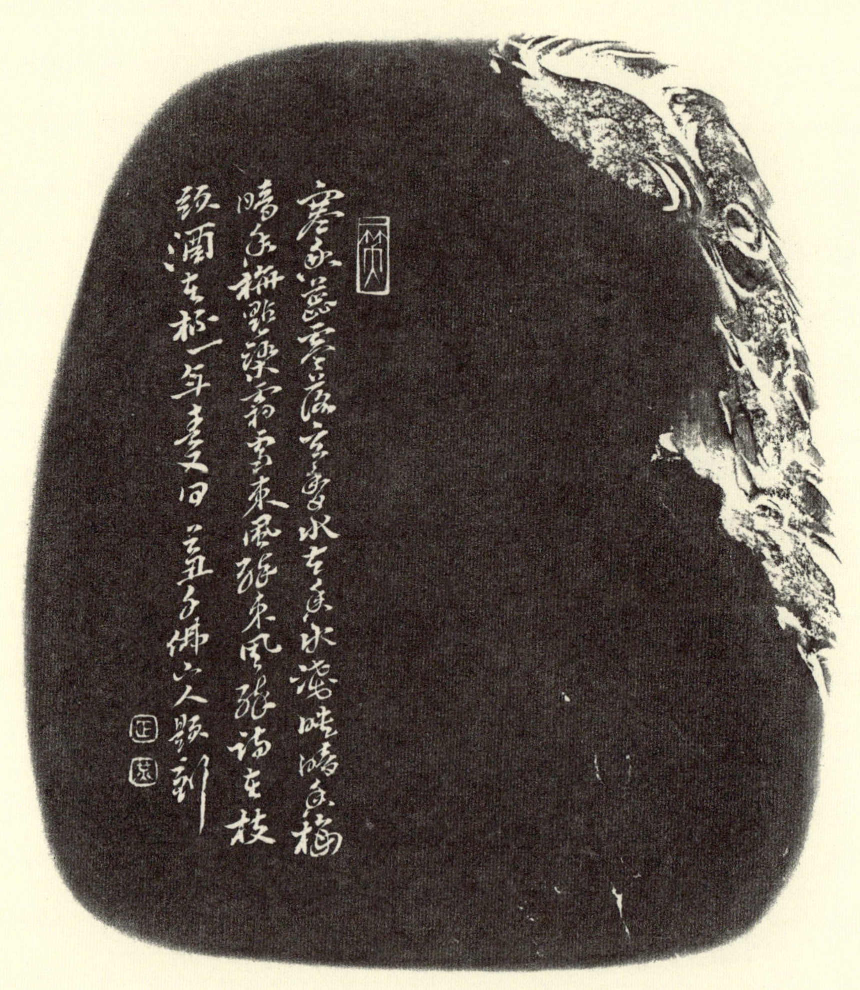

● 赵粤茹拓《寒香蕊》砚铭文

一砚一铭与一砚一味

砚之成败在乎石、工、铭三者。石不珍则不贵，工不精则不成器，铭不高则不得神，难称雅器，三者缺其一终是遗憾。具体而言，砚石之花色纹理为天然图画，绝无重复，有唯一性，端砚尤为突出。设计时应结合砚石之花色纹理展开，取天然人为之妙；治铭时应顾及砚石与雕工之特色，或由石之独特纹理引发文章，或由砚之雕刻题材引发文章，如能兼顾石之纹理及雕刻题材的独特性而引发才思、成就文章则为上品；在文体、字体还有布局上，也应斟酌考虑，但求意味统一，感染力强，从而打动人心，使一方砚的魅力得以充分体现。

石、工、铭三者若能相互呼应，相得益彰，浑然一体，工彰显石之美，铭彰显石与工之美，石又反衬工与铭之妙，一砚在手焉不为美妙之事。故而砚铭难以相互套用，应结合一砚具体特征引申之，一砚一味，一砚一铭，最终达到一种统一的美。

要想达到一砚一味，还牵涉到砚铭创作的主动性与被动性。古来一般是先有砚再刻铭，砚铭往往是被动地从属于砚，这对于砚铭一道的发展无疑起到了一定的局限作用，对于石、工、铭三者的统一性也是一种制约。虽有“砚以铭贵”的说法，但所贵者更多的是治铭者的名气，至于内容文字反居其次。时至今日，我国制砚业蓬勃发展，如

● 《高山流水》砚

此砚取材端石坑仔岩，紧密滋润，石品一半天青，一半蕉白，青白分明，实属难得。砚作古琴式，其后有长篇铭文，内容为："水之白，山之苍。端溪石，琴一张。承朝露，润玄香。竹林酒，兰亭觞。纵性情，任狷狂。吟风月，画清凉。携汝去，鹤家乡。高山曲，流水长。"文中借石品之青、白二色暗喻高山、流水，《高山流水》本身为古琴名曲，又暗于形制相合。案头抚之，品读铭文，似闻高山曲，如见流水长，思嵇康之广陵绝响，念兰亭之曲水流觞，不免使人得以追思魏晋风骨，养心中浩然之气。

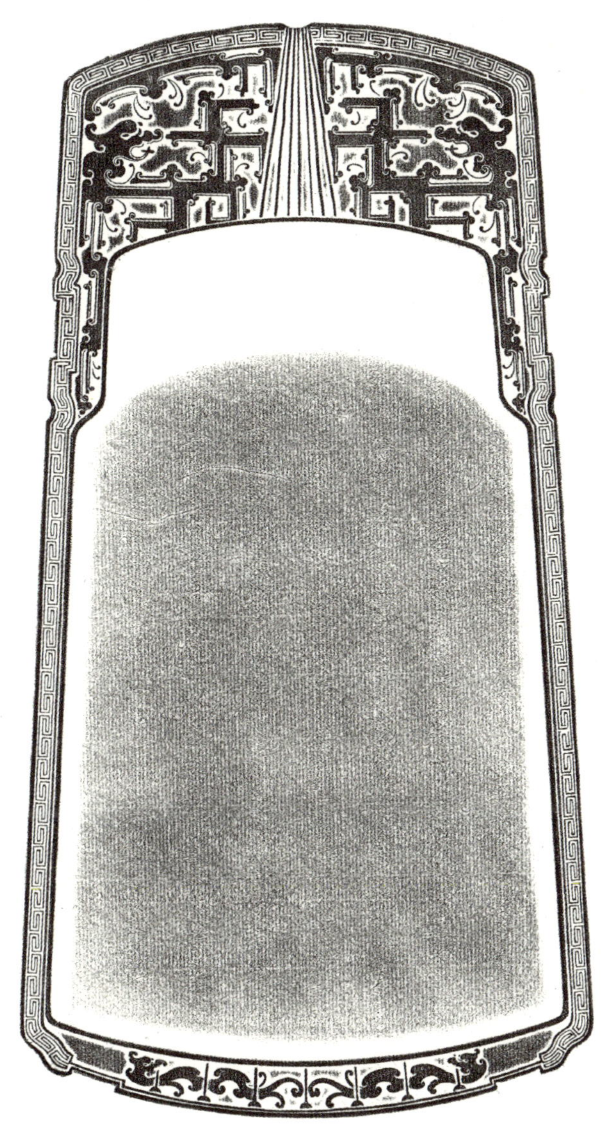

● 赵粤茹拓《高山流水》砚

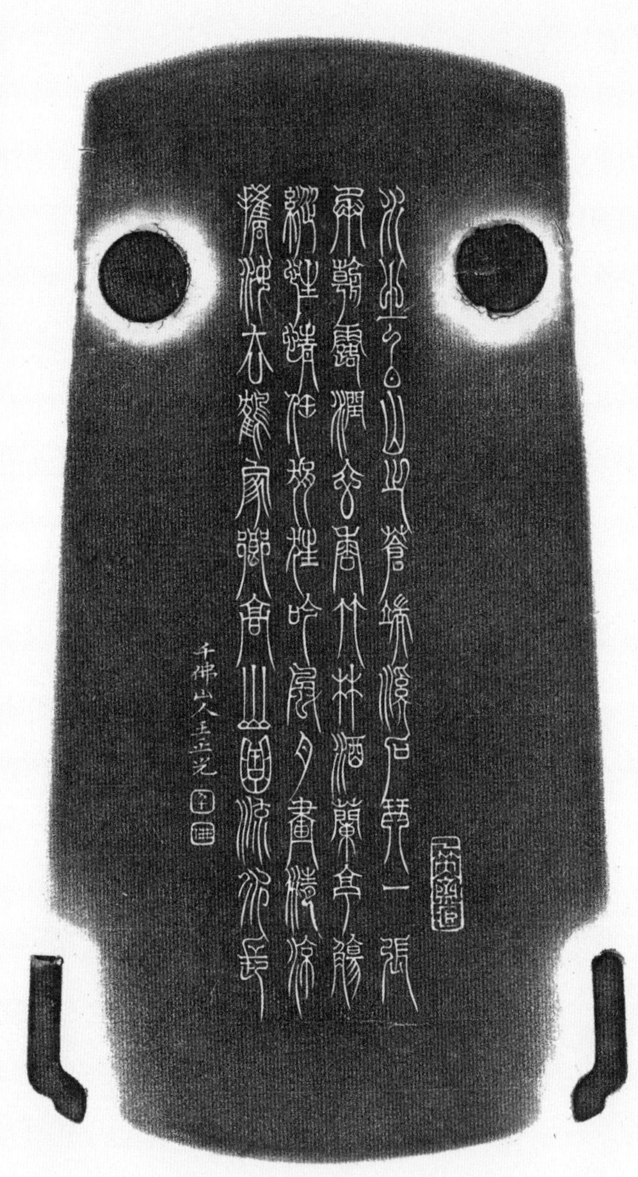

● 赵粤茹拓《高山流水》砚铭文

● 《和谐》砚

此砚取材端溪麻子坑，鱼脑圆润。程文未改其形，于砚边雕小蟹十八只，或实或虚，或藏或露，情趣盎然。砚后铭文："禾熟蟹肥酒黄，风清月朗墨香。晴耕雨读乐道，修身养性人康。"将有形的"禾"、"蟹"引申为一种人与自然的和谐生活。每观此砚，品读铭文，不免让人想起如下画面：秋熟了，蟹肥了，稻田水面上，月光朦胧，小风吹起泥土的芳香，远处农舍的灯火亮了。

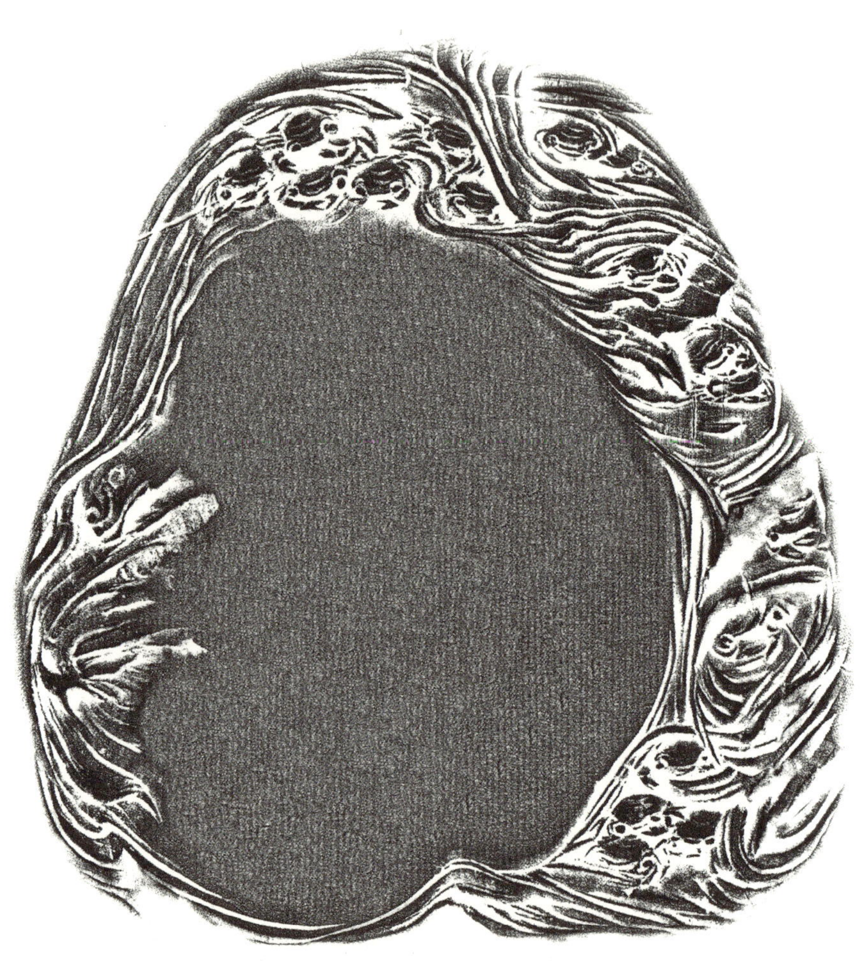

● 赵粤茹拓《和谐》砚

● 赵粤茹拓《和谐》砚铭文

能治铭者与制砚者联手创作，一开始就将石、工、铭三者作为一个统一的艺术行为进行整体考虑，也就是说将砚铭作为砚的有机组成部分，对其文体、内容、布局、字体、运刀一开始就与整个砚进行统一考虑，无疑对于砚艺的发展与砚文化的提升有重要意义。也可以说这是一方砚的创作与制作是以工艺领军还是以文化领军的问题。以工艺领军，是指以制砚主导，砚铭的创作从属于刻砚创作，带有极大的被动性；以文化领军，则是指刻砚与治铭有一个统一的文化指导，甚至可以先有铭再有砚，铭文的创作带有极大的主动性。砚铭创作的主动性是保证一砚一味的有力前提。

砚铭的创作与实践

如果我们将砚铭的创作理解为金石学的一个门类，厘清其创作的步骤与方法是十分必要的，这有助于我们加强对砚铭的理解，并可起到推广砚铭创作的作用。砚铭的创作大体可分以下九个步骤：

1. 相砚

新得一砚，先不急治铭，放于案头，置于枕边，抚之握之，感之念之，记挂于心。相处日久，对其了解认识就深，所作之铭方可入其髓，得其神，打动人心。若治一铭需十日，只相砚一项当占九日光阴。

2. 思文

此过程分定文体与索句两步。如前所述一砚一味，文体之选择为第一步调味。砚铭文体或古风、或楚辞、或律诗、或绝句、或词、或曲、或随笔，均可为之。选用何种文体当以所铭之砚的味道而定。砚味敦厚可用古风，砚味浪漫可用楚辞，砚味稳重可用律诗或绝句，砚味娟秀可用词曲，然此非定式，需要酌情处理，唯求意味相应，砚味统一而已。此外，治铭三言、四言、五言、六言、七言、长短句亦均可为之。除长短句外，或四句或八句或十六句或长篇。但两句不成篇，亦不成文，文之不成何称铭文，故不可用。

索句当一砚一铭，以砚为本，涉及文事，舒展心胸，引无限思绪者为上。若着重于砚石之特色或雕工之特色引申开去，也是一法。总之砚不离铭，铭不离砚，找句唐诗宋词摹写上去，自然是不行的。但求千百年后，砚如不存，后人如见其铭，仍不免悠悠于心，念念于胸。

铭文内容或记事或抒情，记事者可记文事，可记砚事，亦可立论。抒情者可抒爱砚之情，可抒文墨之情，可以怨霜月，可以唱大风，可言丈夫志，可诉女儿情。春秋万古，天高地阔，俱可收之入笔端，也正因如此，铭文对砚文化的提升与扩展作用方得以体现。至于气质才情、文采风流则不一而论矣。

3. 选体

文章既成，当定书体，此为第二步调味。中华文字演变有序，面貌多样，诸美大雅，大体上可分篆、隶、行、楷、草五类。从字体上说只篆文就有甲骨、虫鱼、金文、籀篆、小篆、汉篆等名目，从风格上说只行书就有“二王”、苏、黄、米、蔡等面貌。就我等平日作书而言，心境不同，心绪不同，甚至笔不同、纸不同，面貌亦不同。书风与文风的和谐是一幅好书法不可缺少的，砚铭亦如是。

砚铭亦有不同于书法之处，书法考虑书风与文风的和谐最终以字为本，而砚铭考虑书风与文风的和谐最终须以砚为本，也就是说书风与文风的和谐最终是为了整个砚味的和谐。选书体时砚味高古，书味当高古；砚味敦厚，书味当敦厚；砚味清秀，书味当清秀；砚味清旷，书味当清旷。但如果自家书法已至吴昌硕、金农等高人万美纳一美、一美生万美之境界，亦可百砚一体，万法归一，此为美学问题，不作详述。

4. 辨字

治铭须有治学态度，刻石以铭，立文后世，文字断不可出问题，每用一字无十足把握，应认真翻查考证。

在用字上比较容易出现的问题为繁简体混用，行、草、楷混用，均属别字。如用篆文，尚需一定古文字功力。在此说一辨字方法，以供大家参考。第一步先查《说文解字》以明文字立意，第二步查《金石大辞典》以清文字源流，第三步查《篆刻大辞典》以观文字变化，最后翻看《书法大辞典》以理文字笔势，最后根据四者结合全篇架构安排经营之。

5. 布局

古来砚铭多刻于砚背或砚侧，亦有刻于正面者。刻于砚背者或居中或居侧，或满布或留白。刻于砚侧者则有一定规矩，右为前，左为后，一般砚名刻于右侧上方，铭文刻于左侧。如不刻砚名，铭文可刻于右侧，落收藏章于左侧下方，如只有收藏章，也不可刻于右侧，还是在左侧下方。至于刻于正面者，基本是在上方。砚铭布局有规矩，但无定式，或稳或巧，依势布局，补其空白，稳其格局是也。

至于布局，目前有以下三种情况值得商榷：一是将文字等同于雕工，以文字补石之瑕疵处。文高于艺，艺高于工，堂皇文章岂可以之补残填破。且瑕疵处石质多软硬不均，松紧有别，也有碍表现笔锋变化微妙处。在一些比较粗的石头上，一般都不作小楷与小篆，亦为此理。二是认为文字不能过大，更不可掩盖石品。砚之石、工、铭三者，石在乎天然，工在乎人为，铭在乎文化。制砚一般以石之美者为正面，故正面当以石、工二者为重，砚之两侧及背面则当以文章为重，也就是说正面如落字当铭迁就于石与工，背面当石迁就于铭，正反各有主次，各尽其味。此外认为文字不能过大者还有一种说法，认为文字大会显得砚小。试问砚越大就越好吗？有些小巧把玩砚刻两三大字，更显砚小，不是更可爱吗？所以字之大小不是小巧就好，关键是合适。三是刻文后以颜料填之，往往字形有变，运笔出锋收锋含糊，刀法含糊，刀味不全，且色彩鲜艳，与石与工相脱离，难得统一。应笔意刀锋与石品浑然一体，字不碍石，石不碍字，字中有石，石中有字，实为正途。

6. 书砚

书铭上石，必用毛笔，如于纸上写去便是，断不可以铅笔描画或拷贝，否则笔意尽失，行气难存，笔端素毫旋转微妙处更难以体现。若将毛笔书法缩小拷贝到砚上再行摹刻，实有双钩之嫌，工匠所为。

7. 定式

定式即定文字刻制形式，可分以下几种：散底、尖底、平底、圆底、双钩、凸底、平底阳刻、沙底阳刻。

散底者即所刻文字不修底，余留刀锋刀路，此法看似简单，实则颇为讲究，最易为之又最难为之。所易者，刻制较快；所难者，刀锋间当

● 散底

阴阳顿挫，疏密有章，轻重缓急、横砍竖劈间酣畅淋漓，意雄气壮。

尖底者指每一笔画呈一定角度倾斜，底尖处有一条清晰的“线路”。此法需要修底，讲究字底“线路”合乎“笔路”，适合中锋用笔之书体，尤其是小楷与小篆。

● 尖底

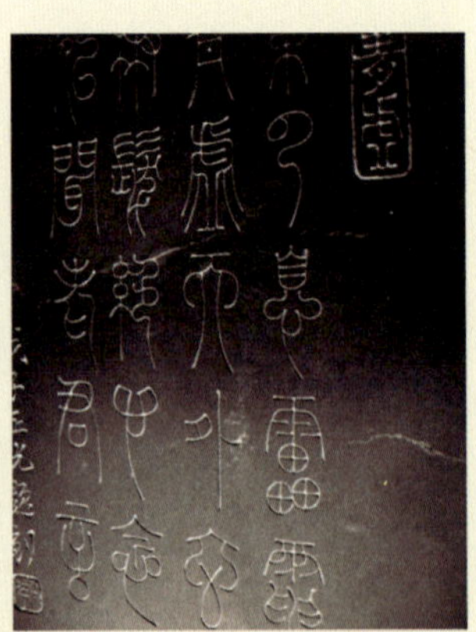

● 尖底

● 平底

平底者指修平底，此法较为费时，需要耐心为之，较适合大字。

圆底者指文字凹下处为弧面，刻制时可先以尖刀开路，再以圆口刀反复修刻。适合表现古文大篆。

双钩之法指只将文字轮廓以阴线勾出，如遇大字，偶可为之。

● 双钩

● 圆底

● 凸底

凸底之法指先双钩，再将双钩之内笔画修成弧面，多为大字。至于平底阳刻、沙底阳刻装饰性较强，偶一为之即可。

● 平底阳刻

8. 运刀

拓之有笔意，视之有刀味，至微妙处则为运刀时以刀锋得其刀味，以锋背得其笔味。此中秘诀只可言及于此，尚需意会。

至于刀法大概可概括为：冲、切、琢、旋、划、打、点、挑八法。

“冲刀法”开笔路，定间架，须肯定果断，落刀准确。“切刀法”扬气势，分节奏，须阴阳顿挫，疏密有致。“琢刀法”起苍厚，去圭角，须发中有收，收中有发。以上三法为基本刀法，切、琢二法往往同时存在。

笔法要诀在于笔之旋转，刀法亦如是，故有“旋刀法”，此法为治铭诸刀法之绝妙法，所谓铭文拓之要有笔味，即要能表现毛笔的弹性，关键亦在于此。

“划刀法”主要用于修底，多用于尖底、平底、圆底之形式。

有的字体切刀尚不足以表现其阳刚，则有“打刀法”，此法左手持刀，右手持木槌，敲打而成，似于制砚，唯精确程度胜之。

点、挑二法见于文字精微处，点者用于文字笔画出锋处，挑法用于文字笔画收锋处，二者功夫在于指尖，往往差之毫厘，谬之千里，而高低往往只在这毫厘之间。

此八法可单独使用，亦可二三组合，有时一刀出去只一法，有时一刀出去含几法，全在腕底指尖及腰部运气配合，是需要一定功力的。而出刀肯定，刀路清晰，轻重有度，收刀利索，气韵流畅则是诸法不变之理。

9. 落印

砚上落印，与篆刻阴阳相反，应朱文阴刻，白文阳刻，断不可朱文阳刻后在印边再开一圈边加以区分，不阴不阳，拓印后阴阳错位，黑白倒置。

● 印章阳文刻法

● 印章阴文刻法

● 砚上刻印阳文错误刻法

拓砚

拓印是我国一门古老的传统手工技艺，也是我国古代印刷术的一部分，对于中国传统文化的传播与记录起到了重要的作用。在摄影技术与现代印刷技术形成并发展成熟以后，拓印的作用在印刷工艺中逐渐淡化。但在反映表面凹凸起伏的对象时，拓印则有摄影所难以替代的表现力，所以在当今金石书法、文物考古等多个领域的研究工作中，拓印仍然是必须掌握的基本手段。

对于砚铭的表现，拓印亦是最佳的方法。前面讲过砚铭的雕刻是书法艺术与金石艺术的结合，铭文拓之要有笔味，视之要有刀味，因此对于铭文的笔路与笔锋的变化表现是否充分、铭文书法意味的体现是否到位是铭文拓印水平高低的体现。具体表现为以下三个方面：一、拓印是否均匀。拓印时墨色应当均匀清爽，不能墨色深浅不均、拓包印痕明显。拓面墨色均匀是拓印技术的基本功，如果墨色清爽的拓面上纸纹清晰可见，又会大大增强拓片的书画感，是拓印均匀的较高层次。二、拓印字口是否清晰。拓印的字口是否清晰是铭文书法精神体现之所在，可从两方面来理解，第一是字的笔画边界是否明确，第二是字的出锋与收锋交代是否明确。三、拓印墨色是否朗润沉稳。拓印需要用墨，与中国传统书画一样也有一个墨色的问题，墨色能展现拓片的韵致。如需拓片墨色层次丰

富、清透朗润，断不能用墨汁，须用佳墨研磨。以上三点，概括起来说，拓印墨色均匀是基础的表现，拓印字口清晰是精神的体现，墨色朗润沉着是韵致的展现，也可理解为拓印的三个不同层次。

拓印技术不仅可以表现砚铭，对于砚雕艺术也具有优异的表现力。拓印技术在砚上的使用，简称为“拓砚”。大致来说，拓砚可分为三个层次：第一个层次，按常规拓印方法，把砚的形制、雕刻、铭文等交代清楚，拓印手法单一，缺乏墨色的深浅、浓淡、虚实变化，拓片整体墨色比较单调。第二个层次，在对砚有个人理解的前提下，有所取舍、有所侧重地表现砚的精神和味道，拓印手法多样，墨色深浅有度，虚实得当。不是机械地反映砚的样貌，而是融入了拓者对砚的理解。第三个层次，追求墨色的韵味。墨色淡则清透朗润，深则明亮沉稳，浓淡相映，润泽均匀，纸纹清晰，层次分明，体现出水墨画的韵致。至此境界，拓砚已不仅仅是对砚的简单表现，而是在砚基础上的艺术再创造，砚拓本身已具有了很强的艺术观赏性。

● 拓砚的工具

拓砚的主要工具包括:

纸:宜选纸纹清晰、质地均匀、洁净紧密的连史纸或扎花纸。

墨:宜选用油烟墨等研墨拓砚。如用墨汁替代,使用前需将墨汁兑水稀释。研墨拓砚的墨色效果更加清透、润泽。

砚:研墨之用。宜选下发墨良好之砚。

拓板:可用表面平整的砚板或梨木板,用于匀墨。

白芨水:中药店可购。将适量的白芨泡于水中,即可。泡出来的白芨水宜透明无色,如为黄色则不宜用,会染及拓纸。白芨水也可用办公胶水兑水稀释代替使用。但拓后要及时清洗砚面、勿留胶水残液。白芨水干后拓纸揭取容易,办公胶水干后拓纸揭取不易,揭纸时需多加小心。如拓古砚或雕饰较多的砚,亦可不用白芨水,直接以清水湿纸拓砚。

棕刷:用于将白芨水刷于砚面上。

排笔:宜选用笔毛柔软的羊毛排笔。用于蘸水将宣纸刷平。

打刷:宜选用软硬度适中的马尾毛或棕毛刷。太硬的毛刷会把拓纸的纹理破坏,甚至毁坏拓纸,太软的毛刷又使不上劲。

小镊子:用于清除拓纸上的纸疙瘩或杂物等。

小针锥:用于挑除笔毛、挑起纸角,扎针眼等。如买不到小针锥,可用大号的缝衣针代替。

喷雾器:用于湿濡拓包等。

拓包:拓包的大小根据所拓对象而定。拓包需要拓砚者自己制作,方法如下:1. 选大小合适的棉花(不能是化纤棉),揉成团;2. 在棉花外面包一层塑料纸(可用保鲜袋),裹紧,挤出里面多余的空气;3. 再在外面裹上两三层棉布(或丝绸)。

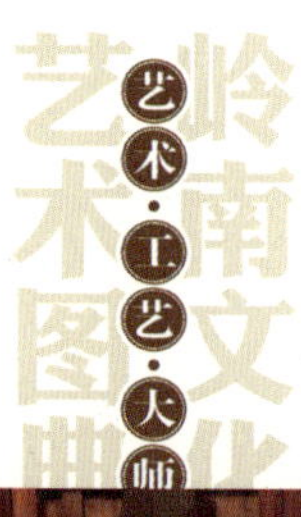

● 砚台拓印步骤(演示：赵粤茹)

第一步：砚台放置平稳，刷上白芨水。

第二步：砚台上覆以拓印宣纸，用湿润的羊毛排笔轻轻刷平纸面。

第三步：另取宣纸轻覆于拓纸上，吸去多余水分。然后覆上透明塑料纸(可将保鲜袋剪开使用)。

第四步：用捶打法和平刷法捶拓砚面。捶拓完毕，揭去透明塑料纸。为加速拓纸变干，可以用宣纸或纸巾轻压拓纸，吸去水分。

第五步：研墨，墨色不宜过浓。取大小适宜的拓包蘸取墨汁，并在拓板上匀墨。

第六步：拓纸干至泛白，用手触之无湿感为可上墨。上墨之前，先试一下拓包墨色是否均匀。墨色应为干净均匀的灰色，边缘没有明显的圆圈状，没有黑色墨点。拓包上墨要平稳有序，一遍遍由浅入深，多层叠色，不可贪快求速。

第七步：拓印完毕，由一端轻轻起纸。遇到难揭之处，不可强揭，可呵气湿纸，用小针锥轻挑纸角徐徐揭起。

第八步：起纸后将拓片翻转，倒覆在宣纸上，手心轻轻揉压拓片背面，用手心的热气让拓纸平复。拓纸背面应无墨迹，干净清爽。

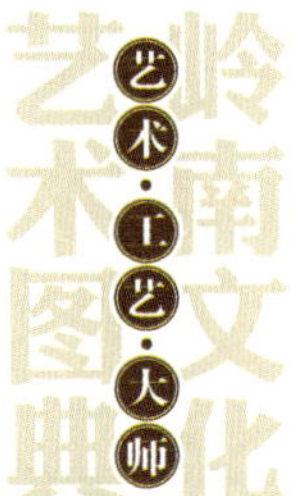

● **拓印平板**

拓印平板是拓印的基本功，图中拓片拓印均匀，不见拓痕，墨色清透滋润，纸纹清晰，文字虽小，却字口清晰，精神毕现。

● **清　麻子坑《梅花》砚**

此砚为一方比较普通的古砚，没有特别突出的地方，但如拓印时设计得当，一样可以表现多种效果。

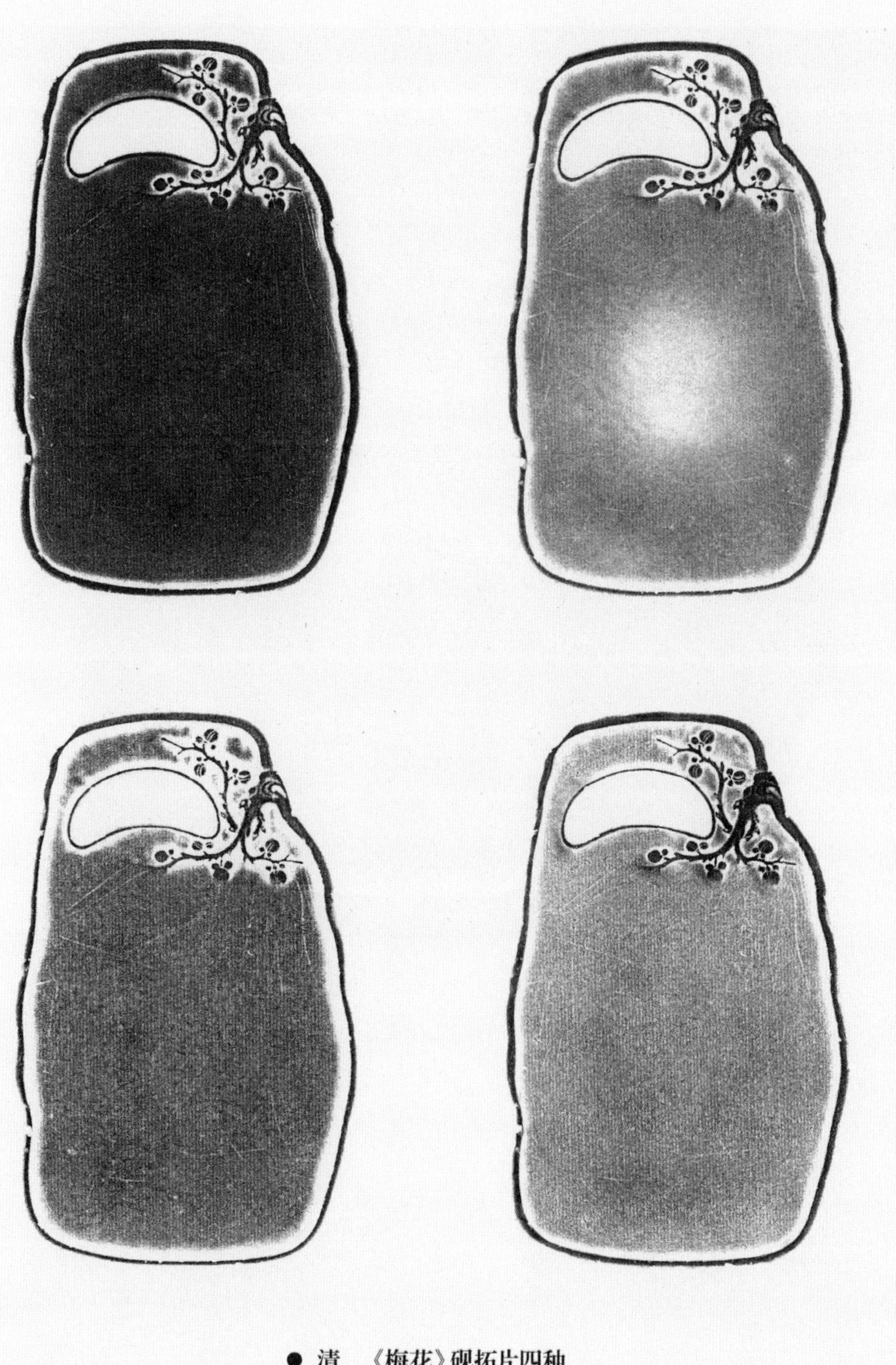

● 清　《梅花》砚拓片四种

● 《云山》砚

此砚为程文山水砚之代表，画意浓厚，笔味十足，拓印时有较大表现空间。

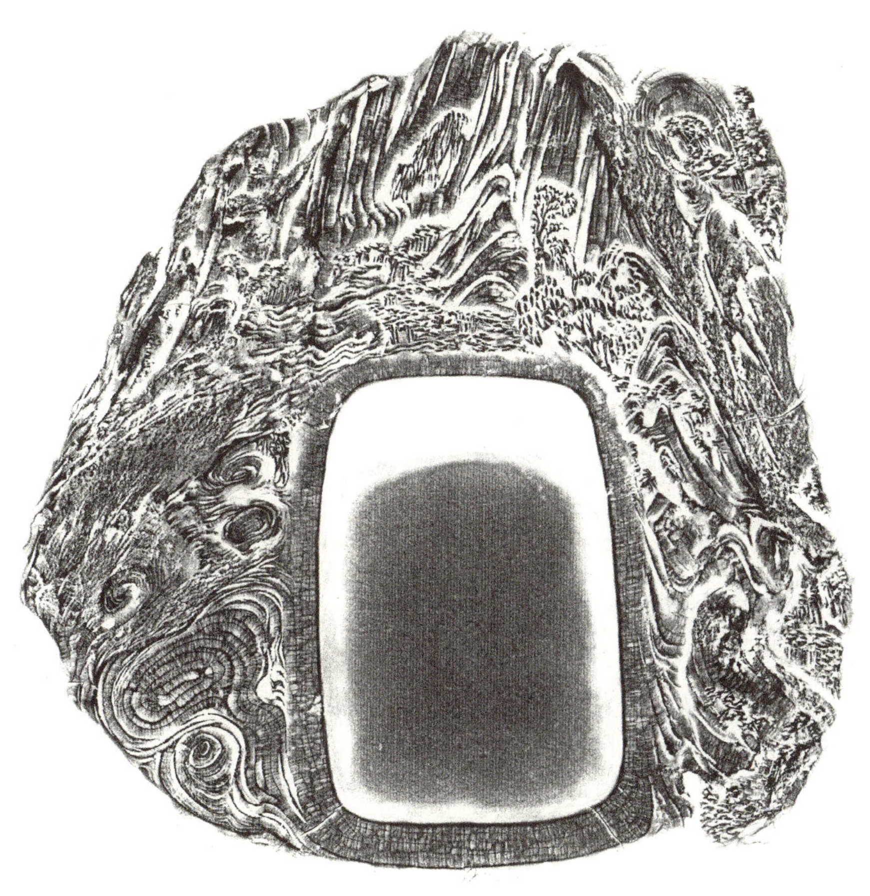

● **《云山》砚拓片1**

常规拓印效果。

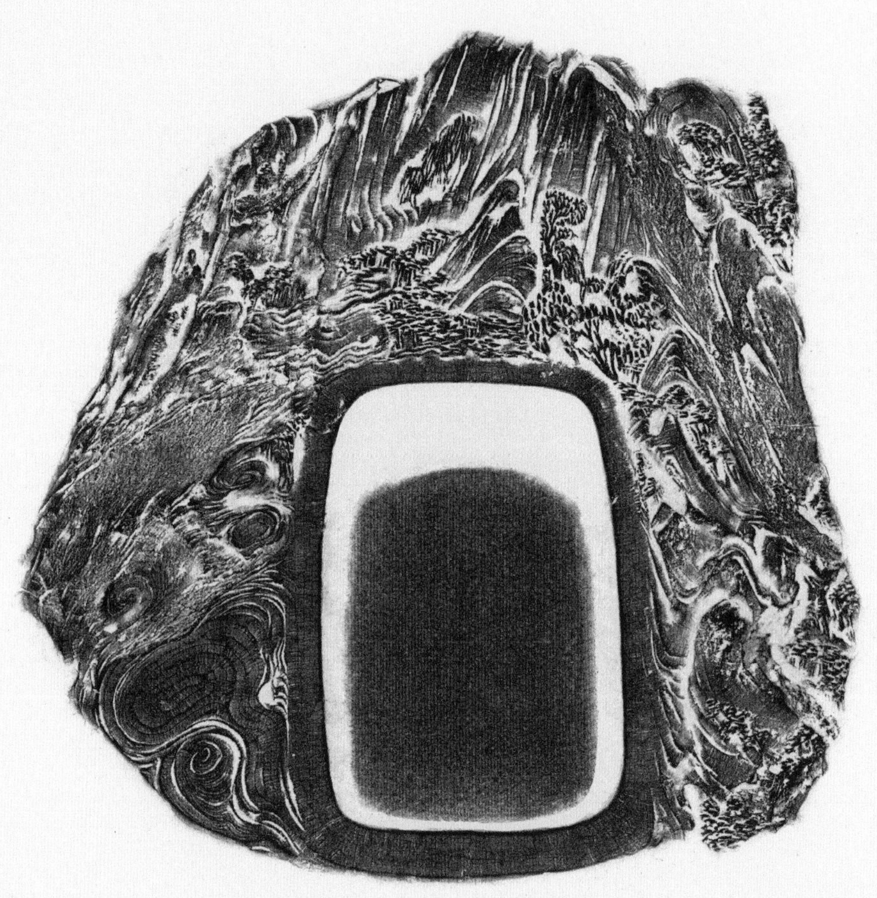

● 《云山》砚拓片2

图中《云山》砚的拓片与前图相比，浓淡有度，干湿得当，层次分明，在原有雕刻基础上进行了二次艺术加工，拓片已不只是对砚简单地反映，而是具有了自身极高的艺术观赏性，本身就是一件独立艺术品了。

后记

我们知道民族的才是世界的。中华民族要想屹立于世界，中国文化必须屹立于世界，对中国传统文化的研究继承与推广则是中国文化得以屹立于世界的基础。中国文化何其广矣，落实在具体各个领域，可谓门类繁多。端砚产于岭南，集山川人文之灵秀，含历史文化之传承，为岭南文化之代表，是中国传统文化的一部分，而且有别于其他民族与文化，为我中华所特有的文化形式。对端砚的研究、继承与推广是对岭南文化的研究、继承与推广，也是对中国传统文化的研究、继承与推广。本书以图文并茂的形式，以研究的态度对端砚文化进行了较为基础并且全面的介绍，力求使读者阅读后能对端砚有所了解，对砚学有所认识，从而提高对岭南文化的认识，加强对中国传统文化的认知，起到对端砚乃至端砚文化的推广作用。